も　く　じ

JN015788

本書の特長と使い方　………………………………………………………

本書の特長と使い方

本書の特長

- ・高校入試の勉強をこれから本格的に始めたい人におすすめの問題集です。
- ・中学校で学習する社会の内容が30単元に凝縮されています。1冊取り組むことで，自分がどれくらい理解しているのか，どの分野を苦手にしているのかを明確にすることができます。
- ・解答には，答えと解説だけでなく，注意すべき点や学習のポイントなどもまとまっており，明確になった苦手分野を対策するためのフォローが充実しています。

本書の使い方

step1

　まずは，本冊の問題に取り組みましょう。その際，教科書や参考書などは見ずに，ヒント無しで解くようにしましょう。

地理，歴史，公民の区分です。まだ習っていない単元がある場合は，習った単元から取り組んでみましょう。

その単元の合計得点と，問題ごとの得点が，両方記入できるようになっているので，苦手な分野・苦手な問題を把握しやすくなっています。

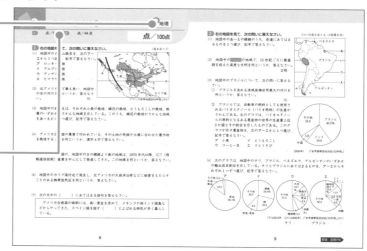

step2

　解き終わったら答え合わせをして得点を出し，別冊解答P62・63にある「理解度チェックシート」に棒グラフで記入して，苦手分野を「見える化」しましょう。

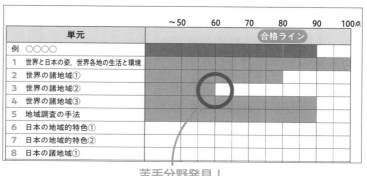

単元	～50	60	70	80	90	100点
例 ○○○○			合格ライン			
1 世界と日本の姿，世界各地の生活と環境						
2 世界の諸地域①						
3 世界の諸地域②						
4 世界の諸地域③						
5 地域調査の手法						
6 日本の地域的特色①						
7 日本の地域的特色②						
8 日本の諸地域①						

苦手分野発見！

step3

　得点が低かった単元は，そのページの解答にある「学習のアドバイス」や「覚えておきたい知識」を読んで，今後の学習にいかしましょう。

学習のアドバイス

問題を解くときの注意点やポイント，学習する際に意識すべきことなどが，問題ごとにまとまっています。

覚えておきたい知識

問題を解くうえで身につけておきたい基本事項が，単元ごとにまとまっています。

今後の学習の進め方

　本書を一通り終えたら，次のように学習を進めていきましょう。

① **すべての単元が，「合格ライン」80 点以上の場合**

　…入試に向けた基礎力はしっかりと身についているといえるでしょう。入試本番に向けて，より実践的な問題集や過去問に取り組み，応用力を鍛えましょう。

② **一部の単元が，「合格ライン」80 点に届かない場合**

　…部分的に，苦手としている単元があるようです。今後の勉強に向けて，問題集や参考書で苦手な単元を集中的に復習し，克服しておきましょう。

③ **多くの単元が，「合格ライン」80 点に届かない場合**

　…もう一度，基礎をしっかりと学び直す必要があるようです。まずは教科書を丁寧に読み直し，基本事項の理解や暗記に努めましょう。

3

1 点／56点 **2** 点／44点

点／**100点**

1 右の地図を見て，次の問いに答えなさい。 (各7点×8)

(1) 地図1中のAは，三大洋の1つである。Aの大洋名を何というか，答えなさい。
（　　　　　　　）

地図1

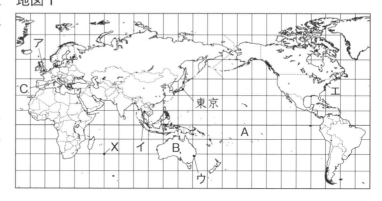

(2) 世界は6つの州に分けられる。地図1中のBの国が属する州を何というか，答えなさい。
（　　　　　　州）

(3) 地図1中のCの国の首都内に位置する，世界で最も面積が小さい国を何というか，答えなさい。　　　　　　　　　　　　　　（　　　　　　　　　　　）

(4) 地図1中の緯線，経線は15度ごとに引かれている。地図1中のXの緯度と経度を，北緯・南緯，東経・西経を明らかにして答えなさい。　（　　　　　　　　　　　）

(5) 地図1中の東京について，次の問いに答えなさい。
① 東京との時差が最も大きい都市を，地図1中のア〜エから1つ選び，記号で答えなさい。　　　　　　　　　　　　　　　　　　　　（　　　　　　）
② 東京都に属し，日本の南の端に位置する島を，次のア〜エから1つ選び，記号で答えなさい。
ア　択捉島　　　イ　与那国島
ウ　沖ノ鳥島　　エ　南鳥島　　　（　　　　）

地図2

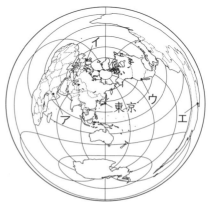

(6) 地図2は，中心（東京）からの距離と方位が正しい地図である。次の問いに答えなさい。
① 東京を出発し，真東に進んだ場合，一番最初に通過する大陸を何というか，答えなさい。
（　　　　　　大陸）
② 東京からの直線距離が最も遠い都市を，地図2中のア〜エから1つ選び，記号で答えなさい。
（　　　　）

4

2 右の地図を見て，次の問いに答えなさい。 ((1)～(5)各6点×5，(6)各7点×2)

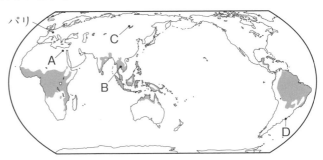

(1) ▨▨▨の地域に広がる気候帯
を何というか，答えなさい。

（　　　　　　　　　　）

(2) 地図中のパリは，暖流と偏西
風の影響を受けて，一年を通し
て気温と降水量の差が小さい気
候である。このような気候を何
というか，答えなさい。

（　　　　　　気候）

(3) 地図中のAの都市の周辺で見られる自然環境について述べたものを，次のア～エ
から1つ選び，記号で答えなさい。
ア　砂漠が広がる。　　　イ　針葉樹林帯が広がる。
ウ　草原が広がる。　　　エ　一年中，氷と雪におおわれている。　　　（　　　）

(4) 地図中のBの都市が位置する国で，国民の大部分が信仰している宗教を，次のア
～エから1つ選び，記号で答えなさい。
ア　キリスト教　　イ　イスラム教　　ウ　仏教　　エ　ヒンドゥー教
（　　　）

(5) 永久凍土が広がる地域では，建物から出る熱で永久凍土がとかされ，建物が傾く
のを防ぐために，高床の住居がつくられている。このような高床の住居が見られる
都市を，地図中のA～Dから1つ選び，記号で答えなさい。　　　（　　　）

(6) 次のア～エは，地図中のA～Dのいずれかの都市の気温と降水量を示している。
B，Dの都市にあてはまるものを，ア～エからそれぞれ1つずつ選び，記号で答え
なさい。

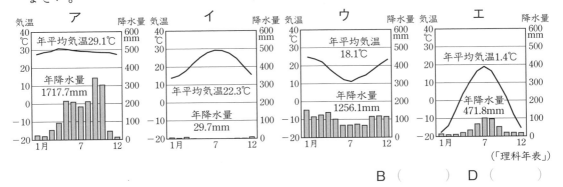

（「理科年表」）

B（　　　）　D（　　　）

解答　別冊P2 ▶

1　点／49点　2　点／51点

点／100点

1　右の地図を見て，次の問いに答えなさい。　(各7点×7)

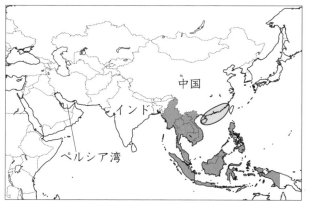

(1)　アジアの気候に影響をあたえている，夏と冬で吹く向きの変わる風を何というか，答えなさい。

（　　　　　　　　）

(2)　西アジアや中央アジアなどでおもに行われている，水や草を求めて移動しながら家畜を飼育する牧畜を何というか，答えなさい。

（　　　　　　　　）

(3)　地図中の中国の沿岸部の◯◯の地域に設けられた，税金などを優遇して外国企業を誘致している地区を何というか，漢字4字で答えなさい。（　　　　　　　　）

(4)　近年，地図中のインドで数学や英語の教育水準の高さなどから発展した産業として最も適切なものを，次のア～エから1つ選び，記号で答えなさい。
ア　綿工業　　　　　イ　鉄鋼業
ウ　自動車工業　　　エ　ＩＣＴ（情報通信技術）産業　　　　　（　　　　）

(5)　地図中の▨▨の国々が加盟している，東南アジア地域の安定をめざして1967年に結成された地域組織の略称を何というか，アルファベット大文字で答えなさい。

（　　　　　　　　）

(6)　地図中のペルシア湾周辺で多く産出される鉱産資源を，次のア～エから1つ選び，記号で答えなさい。
ア　鉄鉱石　　　イ　原油　　　ウ　石炭　　　エ　銅　　　　　（　　　　）

(7)　右の分布図中の▨▨が示している内容として最も適切なものを，次のア～エから1つ選び，記号で答えなさい。
ア　人口密度が高い地域
イ　稲作がさかんな地域
ウ　人口密度が低い地域
エ　畑作がさかんな地域　　　　　（　　　　）

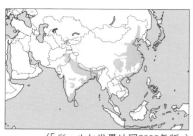

（「ディルケ世界地図2008年版」）

2 右の地図を見て，次の問いに答えなさい。　　　　　　　　((1)~(5)各7点×5，(6)各8点×2)

(1) 地図中のＸで見られる，氷河によって削られた谷に海水が入り込んでできた地形を何というか，答えなさい。
（　　　　　　　　）

(2) 西ヨーロッパ沿岸部の気候に大きな影響をあたえている地図中のＹの暖流を何というか，答えなさい。
（　　　　　　　　）

(3) 地図中のＺの海の沿岸部で栽培されている農作物として最も適切なものを，次のア〜エから1つ選び，記号で答えなさい。
　ア　コーヒー豆　　イ　茶　　ウ　オレンジ　　エ　じゃがいも　　（　　　）

(4) 地図中に示したヨーロッパ連合（ＥＵ）に加盟している国の多くで使用されている共通通貨を何というか，カタカナで答えなさい。
（　　　　　　　　　　　　　　　　　）

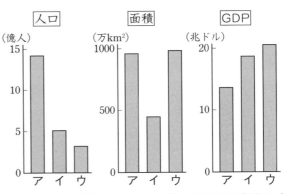

(5) 右のグラフは，ＥＵ，中国，アメリカ合衆国の人口，面積，国内総生産（ＧＤＰ）を比較したものである。ＥＵにあてはまるものを，グラフ中のア〜ウから1つ選び，記号で答えなさい。
（　　　）

(6) 次の文章は，ＥＵについて述べたものである。文章中のＡ，Ｂにあてはまる語句を，あとのア〜エからそれぞれ1つずつ選び，記号で答えなさい。

> 　ＥＵ加盟国間では，国同士の協力が進んでいる。その中で，国による経済格差が（　Ａ　）ことから，（　Ｂ　）ヨーロッパの国々への移民や難民の流入が問題となっている。

　ア　大きい　　イ　小さい　　ウ　東　　エ　西
　　　　　　　　　　　　　　　　　　　　Ａ（　　　）　Ｂ（　　　）

解答　別冊P4

1 点／56点　2 点／44点　　点／100点

1　右の地図を見て，次の問いに答えなさい。 （各8点×7）

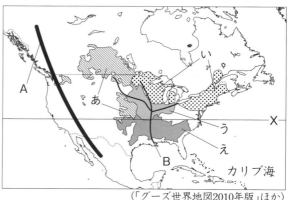

（「グーズ世界地図2010年版」ほか）

(1) 地図中のAの山脈名を，次のア〜エから1つ選び，記号で答えなさい。
　　ア　ロッキー山脈
　　イ　アルプス山脈
　　ウ　アンデス山脈
　　エ　ヒマラヤ山脈　　　（　　　）

(2) 北アメリカ州で最も長い，地図中のBの河川を何というか，答えなさい。
　　　（　　　　　　川）

(3) 地図中のあ〜えは，それぞれ小麦の栽培，綿花の栽培，とうもろこしの栽培，酪農のいずれかがさかんな地域を示している。このうち，綿花の栽培がさかんな地域をあ〜えから1つ選び，記号で答えなさい。
　　　　　　　　　　　　　　　　　　　　　　（　　　）

(4) アメリカ合衆国の農業で行われている，その土地の気候や土壌に合わせた農作物を栽培することを何というか，漢字4字で答えなさい。
　　　　　　　　　　　　　　　　　　　　　　（　　　）

(5) アメリカ合衆国の，地図中のXの緯線より南の地域は，1970年代以降，ICT（情報通信技術）産業を中心として発達してきた。この地域を何というか，答えなさい。
　　　　　　　　　　　　　　　　　　　　　　（　　　）

(6) 地図中のカリブ海付近で発生し，北アメリカの大西洋沿岸などに被害をもたらすことのある熱帯低気圧を何というか，答えなさい。
　　　　　　　　　　　　　　　　　　　　　　（　　　）

(7) 次の文中の（　　）にあてはまる語句を答えなさい。

> 　アメリカ合衆国の南部には，高い賃金を求めて，メキシコや西インド諸島などからやってきた，スペイン語を話す（　　）とよばれる移民が多く暮らしている。

　　　　　　　　　　　　　　　　　　　　　　（　　　）

2 右の地図を見て，次の問いに答えなさい。

(1) 地図中のあ〜えの緯線のうち，赤道にあてはまるものを1つ選び，記号で答えなさい。

（　　　　　）

(2) 地図中の▨▨▨▨の地域で，15世紀ごろに最盛期を迎えた高度な文明を何というか，答えなさい。

（　　　　　文明）

(3) 地図中のブラジルについて，次の問いに答えなさい。

① ブラジルを流れる流域面積世界最大の河川を何というか，答えなさい。

（　　　　　川）

② ブラジルでは，自動車の燃料としても使用されるバイオエタノール（バイオ燃料）の生産がさかんである。右のグラフは，バイオエタノールの原料となるある農産物の世界の生産量上位3か国とその割合を示したものである。このグラフが示す農産物を，次のア〜エから1つ選び，記号で答えなさい。

ア　小麦　　　　イ　とうもろこし
ウ　コーヒー豆　エ　さとうきび

（　　　　　）

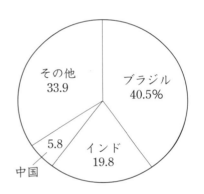

(2020年)　（「世界国勢図会2022/23年版」）

(4) 次のグラフは，地図中のチリ，ブラジル，ベネズエラ，アルゼンチンのいずれかの輸出品目割合を示している。チリとブラジルにあてはまるものを，ア〜エからそれぞれ1つずつ選び，記号で答えなさい。

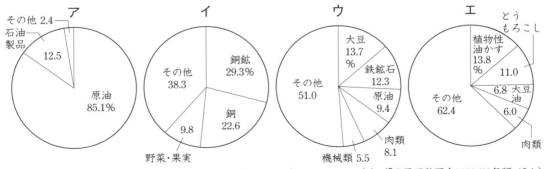

（アは2013年，ほかは2020年）（「世界国勢図会2022/23年版」ほか）

チリ（　　　　　）　ブラジル（　　　　　）

解答　別冊P6▶

1 点／50点 **2** 点／50点

点／100点

1 右の地図を見て，次の問いに答えなさい。 ((1)～(5)各7点×6, (6)8点)

(1) 地図中のXの砂漠について，次の問いに答えなさい。

① Xの砂漠を何というか，答えなさい。

（　　　　　　　　）

② Xの砂漠の南縁に沿って，砂漠化が進行している地域を何というか，答えなさい。

（　　　　　　　　）

(2) 地図中のYの河川を何というか，次のア～エから1つ選び，記号で答えなさい。

ア　アマゾン川　　イ　ニジェール川
ウ　メコン川　　　エ　ナイル川

（　　　　）

(3) 地図中のギニア湾沿岸で生産がさかんな農産物を，次のア～エから1つ選び，記号で答えなさい。

ア　じゃがいも　　イ　カカオ豆　　ウ　大豆　　エ　さとうきび　　（　　　　）

(4) 地図中の●は，電子機器に多く使われているコバルトやマンガンなど希少金属のおもな産出地を示している。このような希少金属のことを何というか，カタカナで答えなさい。 （　　　　　　　　）

(5) 次の文章中の（　　　）にあてはまる語句を，漢字3字で答えなさい。

アフリカの国々は，かつてヨーロッパ諸国の（　　　）であったことから，英語やフランス語などを公用語としている国が多い。また，民族のまとまりを無視して国境線が引かれたため，現在も内戦や難民などの問題が発生している。

（　　　　　　　　）

(6) 右のグラフは，地図中のザンビアの品目別輸出額割合である。このような特定の鉱産資源や農産物の輸出に頼った経済を何というか，答えなさい。 （　　　　　　　　）

銅鉱2.3

銅　73.5%		その他 24.2

(2020年)　　（「世界国勢図会2022/23年版」）

10

2 右の地図を見て，次の問いに答えなさい。　((1)～(6)①各7点×6，(6)②完答8点)

(1) 次の文中の（　　　）にあてはまる語句を答えなさい。

> オセアニア州は，火山活動でできた火山島や（　　　）に囲まれた島が多い。

（　　　　　　　　　　）

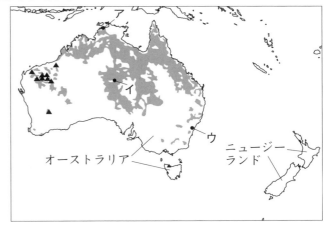

(2) 地図中のニュージーランドの先住民を何というか，答えなさい。（　　　　　　　　　）

(3) 右のグラフは，ある都市の気温と降水量を示している。あてはまる都市を，地図中のア～ウから1つ選び，記号で答えなさい。（　　　）

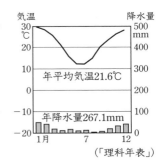

(4) 地図中の　　　の地域でおもに飼育されている家畜として最も適切なものを，次のア～エから1つ選び，記号で答えなさい。
ア　牛　　イ　ぶた　　ウ　羊　　エ　アルパカ（　　　）

(5) 地図中の▲で産出がさかんな鉱産資源として最も適切なものを，次のア～エから1つ選び，記号で答えなさい。
ア　石炭　　イ　原油　　ウ　鉄鉱石　　エ　天然ガス　　　　（　　　）

(6) 地図中のオーストラリアについて，次の問いに答えなさい。
① オーストラリアが主導して，1989年に太平洋諸国が経済協力を進めるために結成した国際組織の略称を，アルファベット大文字で答えなさい。

（　　　　　　　　　　　　　）

② 右のグラフは，オーストラリアの貿易相手国の変化を示している。グラフ中のA，Bにあてはまる国を，次のア～エからそれぞれ1つずつ選び，記号で答えなさい。
ア　フランス　イ　イギリス
ウ　中国　　　エ　インドネシア
A（　　　）　B（　　　）

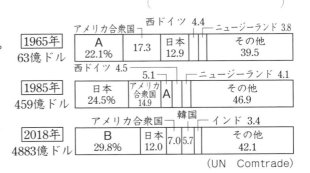

(UN Comtrade)

解答　別冊P8 ▶

1　点／58点　　2　点／42点　　　　　　　　　点／100点

1 右の地形図を見て，次の問いに答えなさい。　　((1)〜(5)各7点×6，(6)各8点×2)

(1) 右のような地形
図を発行している
機関を何というか，
答えなさい。

（　　　　　）

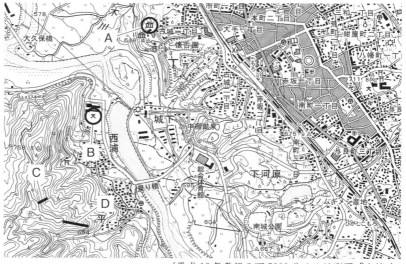

(2) 右の地形図は，
2万5000分の1
の地形図である。
このような実際の
距離を縮小した割
合を何というか，
答えなさい。

（　　　　　）

（平成18年発行2万5000分の1地形図「小諸」）

(3) 地形図中のA，Bの地図記号が示しているものを，次のア〜カからそれぞれ1つ
ずつ選び，記号で答えなさい。
ア　小・中学校　　イ　交番　　ウ　消防署
エ　病院　　　　　オ　寺院　　カ　博物館・美術館

A（　　　） B（　　　）

(4) 地形図中の市役所から見て総合体育館が位置する方位として最も適切なものを，
次のア〜エから1つ選び，記号で答えなさい。
ア　北東　　イ　北西　　ウ　南東　　エ　南西　　　　　　　　（　　　）

(5) 地形図中の戻り橋と総合体育館の地形図上の長さが3cmのとき，この2地点間
の実際の距離は何mか，答えなさい。　　　　　　　　　　　（　　　　　）

(6) 地形図中のC，Dについて述べた次の文章中のX，Yにあてはまる語句をそれぞ
れ答えなさい。

地形図中の高さが等しい地点を結んだ線を（　X　）という。地形図中のCは，Dよりも（　X　）の間隔がせまいことから，傾斜が（　Y　）であることがわかる。

X（　　　　　） Y（　　　　　）

12

2 右の地形図を見て，次の問いに答えなさい。 （各7点×6）

(1) 地形図中に見られる地形を
何というか，次のア～エから
1つ選び，記号で答えなさい。
ア 三角州　　イ 砂丘
ウ 扇状地　　エ 台地
（　　　）

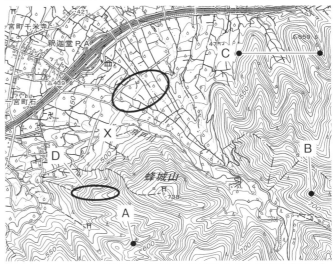
（平成28年発行2万5000分の1地形図「石和」）

(2) 地形図中のXの地域で栽培
されているものとして最も適
切なものを，次のア～エから
1つ選び，記号で答えなさい。
ア 米　　イ 野菜
ウ 茶　　エ 果物
（　　　）

(3) 地形図中のAとBの2地点間の標高差として最も適切なものを，次のア～エから
1つ選び，記号で答えなさい。
ア 約120 m　　イ 約180 m　　ウ 約220 m　　エ 約360 m　　（　　　）

(4) 地形図中のCは，ある2地点間を結んだものである。Cの断面を表した図として
最も適切なものを，次のア～エから1つ選び，記号で答えなさい。

ア 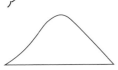　　イ 　　ウ 　　エ

（　　　）

(5) 地形図中のDのような，山頂からふもとに向かって張り出している地形を何とい
うか，答えなさい。　　　　　　　　　　　　　　　　　　　　　（　　　　　　）

(6) 次の文中の（　　　）にあてはまる語句を答えなさい。

> 2万5000分の1の地形図と5万分の1の地形図を比較すると，同じ大きさ
> の地形図の場合，（　　　）の地形図のほうがより詳しく表すことができる。

（　　　　　　）

13

1 点／50点 **2** 点／50点

点／100点

1 右の地図を見て，次の問いに答えなさい。

((1)～(5)各8点×5，(6)完答10点)

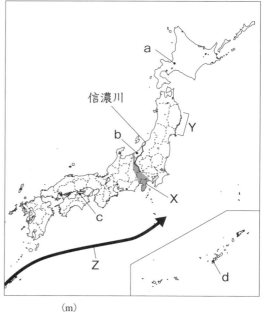

(1) 本州を東西に分ける，地図中の**X**の大きな溝を何というか，カタカナで答えなさい。（　　　　　　）

(2) 地図中の**Y**で見られる，奥行きのある湾と岬が入り組んだ海岸を何というか，答えなさい。（　　　　　　）

(3) 地図中の**Z**の海流を何というか，次のア～エから1つ選び，記号で答えなさい。
ア　親潮（千島海流）　イ　リマン海流
ウ　黒潮（日本海流）　エ　対馬海流
（　　　　　）

(4) 日本列島の近海に広がる，水深が200mまでのなだらかな海底を何というか，答えなさい。（　　　　　　）

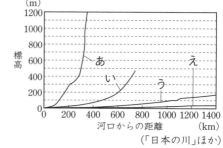

(5) 右のグラフは，ナイル川，アマゾン川，セーヌ川と地図中の信濃川を比較したものである。信濃川にあてはまるものを，グラフ中のあ～えから1つ選び，記号で答えなさい。（　　　　）

(6) 次のア～エは，地図中の**a**～**d**のいずれかの都市の気温と降水量を示したものである。**a**～**d**にあてはまるものを，ア～エからそれぞれ1つずつ選び，記号で答えなさい。

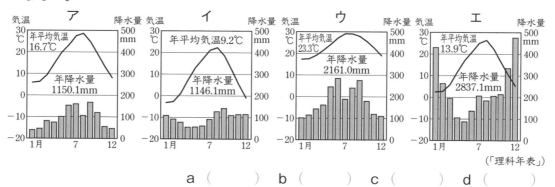

a（　　　　）　b（　　　　）　c（　　　　）　d（　　　　）

2 次の文章を読んで，あとの問いに答えなさい。　((1)～(3)，(5)各8点×5，(4)10点)

> 　日本は環太平洋造山帯に位置していることから，火山が各地に分布し，A地震が多い。梅雨や台風などによって被害が発生することもある。そのため，B自然災害による被害を防ぎ，C被害をできる限り減らすための取り組みが行われている。
> 　また，D日本の人口の多くは大都市に集中しており，E離島や農村，山間部などでは人口の流出が進んでいる。少子高齢化が進む中で，労働力の確保や年金などの社会保障のしくみの整備が行われている。

(1)　文章中の下線部Aについて，次の問いに答えなさい。

　①　地震によって引き起こされることがある災害として最も適切なものを，次のア～エから1つ選び，記号で答えなさい。

　　ア　高潮　　イ　津波　　ウ　火砕流　　エ　干害
　　　　　　　　　　　　　　　　　　　　（　　　　　）

　②　2011年3月11日に，右の地図中のXを震源として発生した地震とそれによる被害をまとめて何というか，答えなさい。
　　　　　　　　　　　　　　　　（　　　　　）

(2)　文章中の下線部Bについて，都道府県や市区町村などが作成している，自然災害の予測被害範囲や避難所の場所などを記載した地図を何というか，答えなさい。
　　　　　　　　　　　　　　　　　　　　　　　　　　　（　　　　　）

(3)　文章中の下線部Cについて，自然災害による被害をできる限り減らすことを何というか，答えなさい。
　　　　　　　　　　　　　　　　　　　　　　（　　　　　）

(4)　文章中の下線部Dについて，右のあ～うは，1970年，1990年，2020年のいずれかの日本の人口ピラミッドである。あ～うを年代の古い順に並べ替え，記号で答えなさい。

　　　（　　　→　　　→　　　）

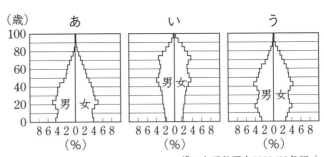

（「日本国勢図会2022/23年版」）

(5)　文章中の下線部Eについて，過度に人口が減少することによって起こる問題として最も適切なものを，次のア～エから1つ選び，記号で答えなさい。

　　ア　住宅が不足する。　　　　イ　交通渋滞が発生する。
　　ウ　土地の価格が上昇する。　エ　学校の統廃合が行われる。
　　　　　　　　　　　　　　　　　　　　　　　　　（　　　　　）

解答　別冊P12 ▶

1 点／60点　**2** 点／40点　　点／100点

1 次の文章を読んで，あとの問いに答えなさい。 ((1)〜(6)各10点×6，(4)完答)

> 　日本のA発電は，鉱産資源をほとんど輸入に頼っていることから，エネルギー自給率が低い。限りある資源を守るために，B再生可能エネルギーの利用が進められている。C農業においては，海外の安価な農産物の輸入によって，D食料自給率の低下が問題になっている。工業においては，原料を輸入に頼っていることから，E輸送に便利な臨海部に工業地域が形成された。近年は，F海外での生産が増加したことで，国内産業の衰退が問題となっている。

(1) 文章中の下線部Aについて，日本の発電量の割合として最も適切なものを，右のグラフ中のア〜エから1つ選び，記号で答えなさい。　（　　　）

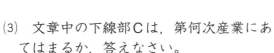
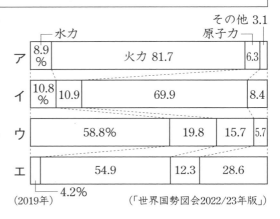

その他 3.1
水力　　　　　　　　　原子力
ア 8.9%｜火力 81.7｜6.3
イ 10.8%｜10.9｜69.9｜8.4
ウ 58.8%｜19.8｜15.7｜5.7
エ 54.9｜12.3｜28.6　4.2%
(2019年)　　（「世界国勢図会2022/23年版」）

(2) 文章中の下線部Bにあてはまらないものを，次のア〜エから1つ選び，記号で答えなさい。
　ア　太陽光　　イ　風力
　ウ　原子力　　エ　地熱　　（　　　）

(3) 文章中の下線部Cは，第何次産業にあてはまるか，答えなさい。
　　　　　　　　　　（　　　　　）

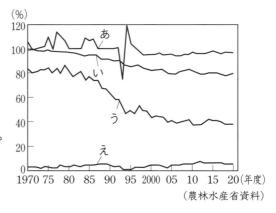

(%)
120
100
80
60
40
20
0
あ
い
う
え
1970 75 80 85 90 95 2000 05 10 15 20(年度)
（農林水産省資料）

(4) 文章中の下線部Dについて，右のグラフ中のあ〜えは，米，大豆，野菜，果物のいずれかの自給率を示したものである。米と大豆にあてはまるものを，あ〜えからそれぞれ1つずつ選び，記号で答えなさい。　米（　　　）大豆（　　　）

(5) 文章中の下線部Eについて，関東地方から九州地方北部にかけての沿岸部に形成された帯状の工業地域を何というか，答えなさい。　（　　　　　　　　）

(6) 文章中の下線部Fの現象を何というか，答えなさい。
　　　　　　　　　　　　　　　　　　　　　（　　　　　　　　）

16

2 右の地図を見て，次の問いに答えなさい。

(各 10 点 × 4)

(1) 次のグラフは，地図中の日本の旅客と
貨物における輸送量の割合を示しており，
グラフ中のア～エには，航空機，船舶，
鉄道，自動車のいずれかがあてはまる。
自動車にあてはまるものを，ア～エから
1 つ選び，記号で答えなさい。

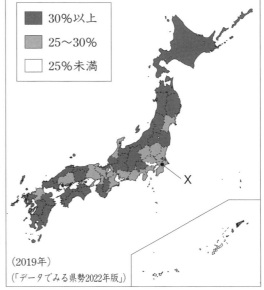

凡例：
■ 30％以上
▨ 25～30％
□ 25％未満

X

(2019年)
(「データでみる県勢2022年版」)

旅客輸送 (人キロ)

ア 30.4％	イ 62.8	エ 6.6

ウ 0.2 ┘ └ エ 0.2

貨物輸送 (トンキロ)

ア 4.3％	イ 55.5	ウ 39.9

※合計が100％になるよう調整していない。
(2018年度)　　　　　　（「日本国勢図会2022/23年版」）

(　　　　　　)

(2) 地図中の **X** について，次の問いに答えなさい。

① **X** は日本で最も貿易額が高い港である。この空港を何というか，答えなさい。

(　　　　　　　　　　)

② **X** の輸入品上位 5 品目を示した表として最も適切なものを，次のア～エから 1
つ選び，記号で答えなさい。

	ア	イ	ウ	エ
1 位	衣類	液化ガス	通信機	石油
2 位	コンピュータ	衣類	医薬品	有機化合物
3 位	肉類	石油	コンピュータ	液化ガス
4 位	魚介類	絶縁電線・ケーブル	集積回路	衣類
5 位	音響・映像機器	アルミニウム	科学光学機器	アルミニウム

(2020 年)　　　　　　　　　　　（「日本国勢図会 2022/23 年版」）

(　　　　　　)

(3) 地図中に示した地域区分のテーマとして最も適切なものを，次のア～エから 1 つ
選び，記号で答えなさい。

ア　都道府県別の人口に占める第 3 次産業就業人口の割合
イ　都道府県別の農業産出額に占める米の割合
ウ　都道府県別の工業出荷額に占める機械の割合
エ　都道府県別の人口に占める 65 歳以上の割合

(　　　　　　)

解答　別冊P14 ▶

1 点／51点　**2** 点／49点

点／100点

1 右の地図を見て，次の問いに答えなさい。

((1)～(5)各7点×5，(6)各8点×2)

(1) 地図中の**X**の県の県庁所在地名を答え
なさい。　　　（　　　　　　　市）

(2) 地図中の阿蘇山で見られる，火山の噴
火などによってできた大きなくぼ地を何
というか，答えなさい。
（　　　　　　　）

(3) 地図中の筑紫平野などで行われている，
同じ耕地で一年で2種類の異なる作物を
栽培することを何というか，漢字3字で
答えなさい。　　（　　　　　　　）

(4) 地図中の□は，ある発電所の分布を示
している。この発電所にあてはまるものを，次のア～エから1つ選び，記号で答え
なさい。
　ア　火力発電所　　イ　原子力発電所
　ウ　地熱発電所　　エ　水力発電所　　　　　　　　　　　　　　　　（　　　）

(5) かつて水俣病が発生したが克服し，現在はエコタウンや環境モデル都市に選定さ
れている都市を，地図中のア～エから1つ選び，記号で答えなさい。　（　　　）

(6) 地図中の鹿児島県について，次の問いに答えなさい。
　① 次の文中の（　　　）にあてはまる語句を答えなさい。

> 九州南部に広がる，火山の噴出物が積もってできた（　　　）台地は，水
> はけがよいため，茶やさつまいもの栽培，畜産がさかんである。

（　　　　　　　）

　② 右のグラフは，鹿児島県で飼育がさかん
な家畜の都道府県別飼育頭（羽）数割合を
示したものである。この家畜にあてはまる
ものを，次のア～エから1つ選び，記号で
答えなさい。
　ア　肉用牛　　イ　採卵鶏
　ウ　乳用牛　　エ　豚　　　　（　　　）

北海道　　　群馬 6.9

| 鹿児島 13.3% | 宮崎 8.6 | 7.8 | | その他 56.8 |

千葉 6.6

(2021年)　（「日本国勢図会2022/23年版」）

18

2 右の地図を見て，次の問いに答えなさい。　　　　　　　　　（各7点×7）

(1) 中国地方のうち，地図中の中国山地より北の地域を何というか，答えなさい。
（　　　　　　　　　）

(2) 地図中のXは，本州四国連絡橋の1つである。この橋を何というか，次のア～エから1つ選び，記号で答えなさい。
ア　瀬戸大橋
イ　大鳴門橋
ウ　瀬戸内しまなみ海道
エ　明石海峡大橋　（　　　　）

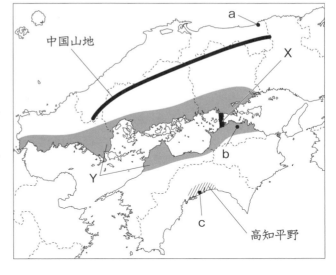

(3) 右のア～ウは，地図中のa～cのいずれかの都市の気温と降水量を示したものである。aにあてはまるものを，ア～ウから1つ選び，記号で答えなさい。
（　　　　）

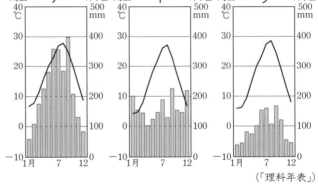

（「理科年表」）

(4) 地図中のYについて，次の問いに答えなさい。
① Yに広がる工業地域を何というか，答えなさい。
（　　　　　　工業地域）
② 倉敷市水島地区や山口県周南市などに設置されている，石油精製工場を中心として関連工場が集まり，パイプラインで結ばれた地域を何というか，答えなさい。
（　　　　　　　　　）

(5) 地図中の高知平野で行われている，冬でも暖かい気候をいかして，ビニールハウスなどで野菜などを栽培し，出荷時期を早める栽培方法を何というか，漢字4字で答えなさい。
（　　　　　　　　　）

(6) 地図中の中国・四国地方の山間部や離島などでは，若者が都市に移住することで人口が減少し，地域社会の維持が難しくなっている。このような現象を何というか，答えなさい。
（　　　　　　　　　）

19

9 日本の諸地域②　地理

1 右の地図を見て，次の問いに答えなさい。　((1)～(4)各7点×6, (5)8点)

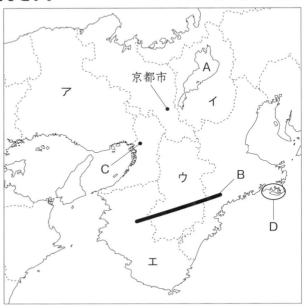

(1) 地図中のAの湖とBの山地の名称を，それぞれ答えなさい。

A（　　　　　湖）
B（　　　　　山地）

(2) 地図中のCの都市について，次の問いに答えなさい。

① 住宅地の不足を解消するために，Cの都市など大都市の周辺につくられた住宅地を何というか，答えなさい。

（　　　　　　　　）

② Cの都市をふくんで発展した阪神工業地帯について述べた文を，次のア～エから1つ選び，記号で答えなさい。

ア 中小企業の町工場が多い。　　イ かつて八幡製鉄所が置かれていた。
ウ 自動車の関連工場が多い。　　エ 塩田の跡地を埋め立ててできた。

（　　　）

(3) 地図中のDで養殖がさかんなものを，次のア～エから1つ選び，記号で答えなさい。
ア かき　イ ほたて　ウ わかめ　エ 真珠　　（　　　）

(4) 地図中の京都市について述べた文を，次のア～エから1つ選び，記号で答えなさい。

ア かつて「天下の台所」とよばれた。　　イ 建物の高さなどが制限されている。
ウ 平和記念都市に認定されている。　　エ 活火山である桜島が近くにある。

（　　　）

(5) 右のグラフは，みかんの都道府県別収穫量割合を示したものである。グラフ中のXにあてはまる県を，地図中のア～エから1つ選び，記号で答えなさい。

（　　　）

				長崎 6.2 ┐	
X 21.8%	静岡 15.6	愛媛 14.7	熊本 10.8		その他 30.9

（2020年）　　　　　　（「日本国勢図会2022/23年版」）

2 右の地図を見て，次の問いに答えなさい。 ((1)〜(4)，(6)各8点×5，(5)完答10点)

(1) 地図中のＸの県の県庁所在地名を答え
なさい。 （　　　　　　　　市）

(2) 中部地方を3つの地域に区分したとき，
地図中の■■■■の地域を何というか，答
えなさい。 （　　　　　　　　）

(3) 地図中の日本アルプスにふくまれる山
脈として誤っているものを，次のア〜エ
から1つ選び，記号で答えなさい。
　ア　飛驒山脈　　イ　奥羽山脈
　ウ　赤石山脈　　エ　木曽山脈
　　　　　　　　　　　　（　　　）

(4) 京浜工業地帯，中京工業地帯，阪神工業地帯，京葉工業地域の工業出荷額割合を
示した次のア〜エのうち，地図中の中京工業地帯にあてはまるものを1つ選び，記
号で答えなさい。

	金属	機械	化学	食料品	繊維 1.3	その他
ア	20.9%	37.9	15.9	11.1		12.9

					0.4	
イ	9.4%	47.0	18.7	11.6		12.9

				0.7		
ウ	9.5%	68.6		6.6	4.7	9.9

					0.2	
エ	21.3%	12.7	40.1	16.1		9.6

(2019年)　　　　　　　　　　　（「日本国勢図会2022/23年版」）　　　　　（　　　）

(5) 次のア〜エは，地図中のＡ〜Ｄのいずれかの県の産業について述べた文である。
Ａ〜Ｄにあてはまるものを，ア〜エからそれぞれ1つずつ選び，記号で答えなさい。
　ア　水はけのよい牧ノ原などの台地で，茶の生産がさかんである。
　イ　眼鏡枠の生産などの地場産業が発展している。
　ウ　渥美半島で，電照菊の栽培が行われている。
　エ　涼しい気候をいかして，レタスなどの高原野菜の栽培がさかんである。
　　　　　　　Ａ（　　　）　Ｂ（　　　）　Ｃ（　　　）　Ｄ（　　　）

(6) 地図中の石川県の伝統的工芸品を，次のア〜エから1つ選び，記号で答えなさい。
　ア　輪島塗　　イ　小千谷ちぢみ　　ウ　清水焼　　エ　越前和紙　（　　　）

解答　別冊P18

1 点／43点 2 点／57点

点／100点

1 右の地図を見て，次の問いに答えなさい。

((1)〜(4)各6点×6，(5)完答7点)

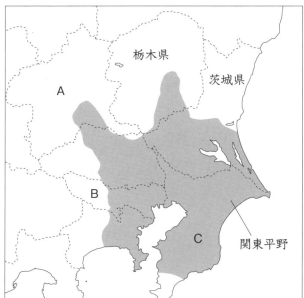

(1) 地図中の栃木県と茨城県の県庁所在地名をそれぞれ答えなさい。

栃木県（　　　　　市）
茨城県（　　　　　市）

(2) 地図中の関東平野に広がる，火山灰が堆積してできた赤土を何というか，答えなさい。

（　　　　　　　　　）

(3) 地図中の茨城県などでは，大都市に近いことをいかして，大都市向けの野菜や鶏卵などの生産がさかんである。このような農業を何というか，漢字4字で答えなさい。

（　　　　　　　　　）

(4) 地図中のBについて述べた次の文中のX，Yにあてはまる語句を，あとのア〜エからそれぞれ1つずつ選び，記号で答えなさい。

> 企業や学校などが集まるBには，（　X　）通勤・通学する人が多いため，（　Y　）が多くなっている。

ア　郊外から　　イ　昼間人口よりも夜間人口
ウ　郊外へ　　　エ　夜間人口よりも昼間人口　　　　X（　　　）Y（　　　）

(5) 右のア〜ウのグラフは，地図中のA〜Cのいずれかの都県の工業出荷額割合を示したものである。A〜Cにあてはまるものを，ア〜ウからそれぞれ1つずつ選び，記号で答えなさい。

	輸送用機械		印刷	食料品	情報通信機械	
ア	16.4%	10.6	10.5	10.0	6.5	その他 46.0

電気機械

	石油・石炭製品	化学	食料品	鉄鋼	金属製品	その他
イ	22.6%	17.5	12.9	12.9	5.6	28.5

	輸送用機械	プラスチック製品 食料品	化学		金属製品	その他
ウ	37.0%	9.4	8.6	6.1	5.2	33.7

(2019年)　　　　　　（「データでみる県勢2022年版」）

A（　　　）
B（　　　）
C（　　　）

2 右の地図を見て，次の問いに答えなさい。

((1)～(5)各6点×6，(6)～(8)各7点×3)

(1) 地図中のaの台地名を答えなさい。

（　　　　　　　台地）

(2) 地図中のbのような，暖流と寒流がぶつかる場所を何というか，答えなさい。

（　　　　　　　）

(3) 地図中の東北地方の太平洋側で夏に吹く，冷たく湿った風を何というか，答えなさい。

（　　　　　　　）

(4) 地図中の北海道について，次の問いに答えなさい。

① 北海道に古くから暮らす先住民を何というか，答えなさい。（　　　　　　　）

② 北海道の十勝平野の農業について述べた文を，次のア～エから1つ選び，記号で答えなさい。

ア 米の単作を行っている。　　イ てんさいなどの輪作を行っている。

ウ 果樹栽培がさかんである。　　エ 客土によって土地改良を行った。

（　　　　　　　）

(5) 地図中のAの県で行われている夏祭りを，次のア～エから1つ選び，記号で答えなさい。

ア 七夕まつり　　イ 竿燈まつり　　ウ ねぶた祭　　エ 花笠まつり

（　　　　　　　）

(6) 地図中のDの県の県庁所在地名を答えなさい。　　（　　　　　　　市）

(7) 伝統的工芸品の1つである南部鉄器の産地がある県を，地図中のA～Dから1つ選び，記号で答えなさい。

（　　　　　　　）

(8) 右のグラフは，さくらんぼの都道府県別収穫量割合を示したものである。グラフ中のXにあてはまる県を，地図中のA～Dから1つ選び，記号で答えなさい。

（　　　　　　　）

	北海道 7.6	
X 75.6%		その他 16.8

(2020年)　（「日本国勢図会2022/23年版」）

解答　別冊P20 ▶

1　点／49点　**2**　点／51点

点／**100点**

1 右の地図を見て，次の問いに答えなさい。　　　　　　　　　　（各7点×7）

(1) 古代文明は大河の流域で発生している。このうち，ピラミッドがつくられた古代文明がおこった地域に流れる川を，地図1中のア～エから1つ選び，記号で答えなさい。

（　　　）

地図1

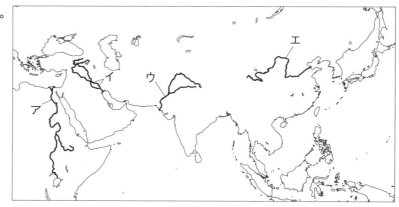

(2) 紀元前1600年ごろ，地図2中のAの地域では，占いによって政治が行われていた。このとき使われていた，今の漢字のもとになった文字を，次のア～ウから1つ選び，記号で答えなさい。

地図2

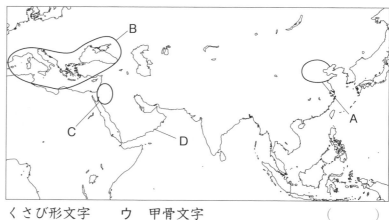

ア　象形文字　　イ　くさび形文字　　ウ　甲骨文字　　（　　　）

(3) 紀元前3世紀に中国を統一し，万里の長城を築いた秦の王の名前を，漢字3字で答えなさい。　　　　　　　　　　　　　　　　　　　　（　　　　　　　）

(4) 秦にかわって中国を統一し，紀元前2世紀には中央アジアも支配下に置いた国の名前を，漢字1字で答えなさい。　　　　　　　　　　　　　（　　　　　　　）

(5) 地図2中のBの地域で，紀元前8世紀ごろから建設された，アテネやスパルタなどの都市国家を何というか，カタカナで答えなさい。　　　（　　　　　　　）

(6) 紀元前後に地図2中のCの地域で生まれ，キリスト教をおこした人物の名前を，カタカナで答えなさい。　　　　　　　　　　　　　　　　（　　　　　　　）

(7) 地図２中のＤの半島に生まれたムハンマドが，７世紀に始めた宗教は何か，答えなさい。　（　　　　　　　　）

2 右の年表を見て，次の問いに答えなさい。　　((1)〜(4)各7点×5，(5)各8点×2)

(1) 年表中の下線部Ａについて，日本の旧石器時代に使われた，石を打ち欠いてつくられた道具を何というか，答えなさい。
（　　　　　　　　）

時代	おもなできごと
Ａ旧石器時代	食べ物を求めて，移動しながら生活する
Ｂ縄文時代	縄文土器がつくられ始める
（　Ｃ　）時代	大陸から稲作が伝わり，むらができる
Ｄ古墳時代	全国各地で古墳がつくられる

(2) 年表中の下線部Ｂについて，縄文時代に，女性などをかたどり，自然の豊かな恵みなどを祈ってつくられたものを，次のア〜エから１つ選び，記号で答えなさい。
ア　銅鐸　　イ　土偶　　ウ　金印　　エ　埴輪　　　　　　　　　（　　　　　）

(3) 年表中のＣにあてはまる時代を何というか，答えなさい。
（　　　　　　　　）

(4) (3)の時代の終わりごろのようすを述べた次の文中の①にあてはまる国，②にあてはまる人物の名前をそれぞれ答えなさい。

> 「魏志」倭人伝によると，３世紀に倭の30余りの小国を従えた（　①　）の女王（　②　）が魏に使いを送ったことが記されている。

①（　　　　　　　　）　②（　　　　　　　　）

(5) 年表中の下線部Ｄについて，３世紀後半になると，右の図のような墓が各地につくられた。このころのようすを述べた次の文章中の①にあてはまる勢力，②にあてはまる語句をそれぞれ答えなさい。

> 奈良盆地を中心とした地域では，大王と有力な豪族からなる（　①　）が現れた。朝鮮半島などから日本に移り住んだ（　②　）の中には，（　①　）の書類の作成や財政の管理などにあたる者もいた。

①（　　　　　　　　）　②（　　　　　　　　）

解答　別冊P22

1 点／46点 **2** 点／54点

点／100点

1 **右の年表を見て，次の問いに答えなさい。**

((1)各5点×2，(2)〜(7)各6点×6)

年代	で き ご と
593	聖徳太子(厩戸皇子)が摂政となる…A
645	B が始まる
663	白村江の戦いが起こる…C
672	壬申の乱が起こる………D

> 一に曰く，和をもって貴しとなし，さからう（争う）ことなきをむね（第一）とせよ。（部分要約）

(1) 年表中のAの聖徳太子について，次の問いに答えなさい。

① 家柄にとらわれず，才能のある者を役人に取り立てるために定めた制度を何というか，答えなさい。

（　　　　　　　　の制度）

② 右の資料のように，仏教をうやまい，天皇の命令に従うべきことなど，役人の心構えを示したものを何というか，答えなさい。

（　　　　　　　　　）

(2) 年表中のAのころの文化について述べた次の文章中の（　　　）にあてはまる語句を答えなさい。

> 聖徳太子が政治を行っていたころに栄えた，日本で最初の仏教文化を飛鳥文化という。飛鳥文化を代表する建物の（　　　）は，現存する世界最古の木造建築といわれている。

（　　　　　　　　　）

(3) 聖徳太子は，中国の進んだ制度や文化を取り入れるために小野妹子を派遣した。このときの中国の王朝を，次のア〜エから1つ選び，記号で答えなさい。
　　ア　漢　　イ　唐　　ウ　秦　　エ　隋　　　　　　　　（　　　　　）

(4) 年表中のBにあてはまる政治改革名を答えなさい。　　　（　　　　　）

(5) (4)のとき，それまで豪族が支配していた土地と人民を国家が直接支配する方針を示した。このことを何というか，答えなさい。　　　（　　　　　）

(6) 年表中のCの戦いで日本は敗北したが，このとき戦った相手を，次のア〜エから1つ選び，記号で答えなさい。
　　ア　高句麗と百済　　イ　高句麗と新羅　　ウ　唐と百済　　エ　唐と新羅

（　　　　　）

(7) 年表中のDの戦いに勝利して即位し，中央集権国家づくりを進めた天皇を，次のア〜エから1人選び，記号で答えなさい。
　　ア　天智天皇　　イ　持統天皇　　ウ　天武天皇　　エ　推古天皇　　（　　　　　）

2 右の年表を見て，次の問いに答えなさい。

(各6点×9)

年代	で き ご と
701	□ A □ が制定される
710	都を奈良に移す……………B
743	□ C □ が制定される
752	東大寺に大仏がつくられる…D
794	都を京都に移す…………E
894	遣唐使が停止される………F
1016	藤原道長が摂政となる………G

(1) 年表中のAによって，律令国家のしくみが整った。Aにあてはまる法律名を答えなさい。　　　（　　　　　　　　　）

(2) (1)による律令国家のしくみとして誤っているものを，次のア～エから1つ選び，記号で答えなさい。
　ア　6年ごとに戸籍がつくられた。
　イ　租・調・庸などの税制が定められた。
　ウ　東北地方の政治・軍事のために，大宰府が置かれた。
　エ　中央に2官8省の役所を置き，地方に国・郡・里が置かれた。　　（　　　　）

(3) 年表中のBの都の名前を，漢字3字で答えなさい。　　（　　　　　　　　　）

(4) 口分田の不足を解消するために制定された，年表中のCにあてはまる法律を何というか，漢字で答えなさい。　　（　　　　　　　　）

(5) 年表中のDのころに栄えた，中国の影響を受けた国際的な文化を何というか，答えなさい。　　（　　　　　　　　）

(6) 年表中のEのころに征夷大将軍に任命され，東北地方の蝦夷を討った人物を，次のア～エから1人選び，記号で答えなさい。
　ア　菅原道真　　イ　坂上田村麻呂　　ウ　中臣鎌足　　エ　紀貫之　（　　　）

(7) 年表中のEのころに中国に渡り，帰国後に天台宗を開いた人物を，次のア～エから1人選び，記号で答えなさい。
　ア　鑑真　　イ　空海　　ウ　行基　　エ　最澄　　　　（　　　）

(8) 年表中のFをきっかけに大陸文化の影響がうすれ，国風文化が成立した。この時期につくられた，右の資料のような漢字をもとにした日本独自の文字を何というか，2字で答えなさい。　（　　　　文字）

安→安→あ	阿→ア
以→以→い	伊→イ
宇→宇→う	宇→ウ
衣→え→え	江→エ
於→お→お	於→オ

(9) 藤原氏は，娘を天皇のきさきにし，生まれた子を天皇にすることによって勢力をのばし，天皇が幼いころには摂政，成長してからは関白という職について政治の実権をにぎった。年表中のGのころ全盛期を迎えたこのような政治を何というか，答えなさい。
　　　　　　　　　　　　　　　　　　（　　　　　　　　）

27

13 中世の日本と世界①

歴史

1 次の文章を読んで，あとの問いに答えなさい。 （各6点×6）

> 10世紀ごろから，都や地方では武士が成長し始め，中には，<u>ⓐ朝廷と対立</u>する者も現れた。
> 1086年に天皇の位を子に譲った（　A　）上皇は，上皇になったあとも政治の実権をにぎる（　B　）を行った。その結果，摂関政治は衰えた。かわって武士が台頭し，<u>ⓑ2つの戦乱</u>に勝ち残った<u>ⓒ平清盛</u>が，武士として初めて太政大臣になり，<u>ⓓ武士の政権</u>が成立した。

(1) 下線部ⓐについて，10世紀前半，北関東で反乱を起こした人物を，次のア～エから1人選び，記号で答えなさい。
　　ア　藤原純友　　イ　平将門　　ウ　藤原頼通　　エ　源義家　　　　　（　　　）

(2) 文章中のA，Bにあてはまる語句をそれぞれ答えなさい。
　　　　　　　　　　A（　　　　　　　　　）　B（　　　　　　　　　）

(3) 下線部ⓑのうち，源氏と平氏の対立から1159年に起きた戦乱を，次のア～エから1つ選び，記号で答えなさい。
　　ア　保元の乱　　イ　壬申の乱　　ウ　後三年合戦　　エ　平治の乱
　　　　　　　　　　　　　　　　　　　　　　　　　　　　　　　　　（　　　）

(4) 下線部ⓒの平清盛が，兵庫の港（大輪田泊）を整備して貿易を行った中国の王朝を何というか，漢字1字で答えなさい。
　　　　　　　　　　　　　　　　　　　　　　　　　（　　　　　　　　）

(5) 下線部ⓓのころ，金や馬などの産物の交易で栄えた奥州藤原氏が拠点としていたところを，右の地図中のア～エから1つ選び，記号で答えなさい。

　　　　　　　　　　　　　（　　　　　　　）

2 右の年表を見て，次の問いに答えなさい。

(各8点×8，(3)完答)

年代	で き ご と
1185	守護・地頭が設置される
1192	＿Ａ＿ が征夷大将軍になる
1221	承久の乱が起こる……………Ｂ
1232	＿Ｃ＿ が制定される
1274	文永の役 ⎫
1281	弘安の役 ⎬ Ｄ
1333	鎌倉幕府の滅亡

(1) 年表中の下線部の仕事の内容としてあてはまるものを，次のア～エから1つ選び，記号で答えなさい。
　　ア　幕府の財政を担当
　　イ　国内の軍事や警察
　　ウ　荘園や公領の管理
　　エ　裁判を担当　　　　　　　　（　　　）

(2) 年表中のＡにあてはまる人物名を答えなさい。　　（　　　　　　　　）

(3) 次の文章は，将軍と武士との主従関係について述べたものである。文章中の①，②にあてはまる語句を，あとのア～オからそれぞれ1つずつ選び，記号で答えなさい。

　　　将軍と主従関係を結んだ武士を（　①　）といった。（　①　）は将軍から先祖伝来の領地の支配を保障されたり，新たに領地をあたえられたりといった（　②　）を受けたのに対して，京都や鎌倉の警備を行い，戦いが起これば命をかけて戦った。

　　ア　防人　　イ　奉公　　ウ　御恩　　エ　御家人　　オ　郎党
　　　　　　　　　　　　　　　　　　①（　　　）　②（　　　）

(4) 年表中のＢの乱のあと，京都に設置された役所を，次のア～エから1つ選び，記号で答えなさい。
　　ア　六波羅探題　　イ　侍所　　ウ　政所　　エ　問注所　　（　　　）

(5) 年表中のＣにあてはまる，それまでの武士の慣習に基づいてつくられた，裁判の判断の基準となる法律を何というか，答えなさい。　　（　　　　　　　　）

(6) 年表中のＤの二度にわたる戦いで，日本に攻めてきた国はどこか，漢字1字で答えなさい。　　（　　　　　　　　）

(7) 年表中の鎌倉時代の文化について，東大寺の南大門にある金剛力士像をつくった中心人物を，次のア～エから1人選び，記号で答えなさい。
　　ア　西行　　イ　運慶　　ウ　藤原定家　　エ　親鸞　　（　　　）

(8) 鎌倉時代には，新しい仏教が広まった。栄西や道元が中国から伝え，座禅によって自ら悟りを開こうとする仏教を，次のア～エから1つ選び，記号で答えなさい。
　　ア　禅宗　　イ　浄土真宗　　ウ　日蓮宗　　エ　時宗　　（　　　）

解答　別冊P26 ▶

14 中世の日本と世界②

| ① | 点／48点 | ② | 点／24点 | ③ | 点／28点 |

点／100点

1 **右の年表を見て，次の問いに答えなさい。**

((1)6点，(2)〜(6)各7点×6)

年代	で き ご と
1333	鎌倉幕府が滅びる……………A
1338	（ B ）が征夷大将軍に任命され，幕府を開く
1392	南北朝が統一される………C
1404	中国との貿易が始まる………D
1429	尚氏が沖縄を統一する……E
1467	応仁の乱が起こる…………F

(1) 年表中のAのあと，建武の新政を始めた人物を，次のア〜エから1人選び，記号で答えなさい。

ア　後醍醐天皇　　イ　後三条天皇
ウ　後白河上皇　　エ　後鳥羽上皇

（　　　　）

(2) 年表中のBにあてはまる人物名を答えなさい。

（　　　　）

(3) 年表中のCと同じ年に朝鮮半島を統一した国を，次のア〜エから1つ選び，記号で答えなさい。

ア　高句麗　　イ　新羅　　ウ　朝鮮国　　エ　高麗

（　　　　）

(4) 年表中のDについて，次の問いに答えなさい。
① Dの貿易を行った中国の王朝名を何というか，漢字1字で答えなさい。

（　　　　）

② 右の資料は，Dの貿易で正式な貿易船にあたえられた勘合である。この勘合があたえられた理由を，次のア〜エから1つ選び，記号で答えなさい。

ア　借金を帳消しにするため。　　イ　武士を統制するため。
ウ　倭寇と区別するため。　　　　エ　仏教を布教するため。

（　　　　）

本字壹號　　本字壹号

(5) 年表中のEについて，このとき沖縄に建国された王国を何というか，答えなさい。

（　　　　）

(6) 年表中のFのあとの政治や社会のようすについて述べたものを，次のア〜エから1つ選び，記号で答えなさい。
ア　下剋上の動きが広がり，各地に戦国大名が現れた。
イ　幕府の支配が西国にも及ぶようになった。
ウ　朝廷を監視するために六波羅探題が置かれた。
エ　平氏の一族が政治の実権をにぎった。

（　　　　）

2 次の文章を読んで，あとの問いに答えなさい。 （各6点×4）

> 室町時代，有力な農民を中心に（　A　）とよばれる自治組織がつくられ，自治を行っていた村もあった。農民が団結を強めたことで，荘園領主に抵抗するようになり，15世紀には，@土倉や酒屋などをおそって借金の帳消しなどを求める一揆を起こすようになった。ⓑ商工業者は，同業者ごとに（　B　）とよばれる組織をつくり，営業を独占していた。

⑴ 文章中のA，Bにあてはまる語句をそれぞれ答えなさい。

A（　　　　　　　　　）　B（　　　　　　　　　）

⑵ 下線部@の一揆を何というか，答えなさい。 （　　　　　　　　　）

⑶ 下線部ⓑについて，裕福な商工業者が自治を行い，応仁の乱で途絶えた祇園祭を復興させた地域はどこか，次のア～エから1つ選び，記号で答えなさい。
ア　堺　　イ　京都　　ウ　博多　　エ　吉野 （　　　　）

3 次のA～Cを見て，あとの問いに答えなさい。 （各7点×4）

A  B  C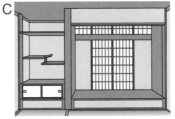

⑴ Aが建てられたころの文化の特徴を，次のア～エから1つ選び，記号で答えなさい。
ア　唐の文化の影響を強く受けた国際色豊かな文化。
イ　武家と公家の文化が融合した文化。
ウ　貴族を担い手とする，日本の風土や生活に合った文化。
エ　中国やインド，ギリシャなどの影響を受けた仏教文化。 （　　　　）

⑵ Bを建てた室町幕府8代将軍の名前を答えなさい。

（　　　　　　　　　）

⑶ Bが建てられたころ，中国に渡って水墨画を学び，帰国後に日本の風景を描いた人物を，次のア～エから1人選び，記号で答えなさい。
ア　親鸞　　イ　日蓮　　ウ　一遍　　エ　雪舟 （　　　　）

⑷ Cは，Bと同じ敷地内にある東求堂同仁斎である。この建物に見られる，障子や違い棚がある建築様式を何というか，答えなさい。 （　　　　　　　　　）

31

1 点／56点　**2** 点／44点

点／100点

1 次のA〜Dの文章を読んで，あとの問いに答えなさい。　　　　　(各7点×8)

> A　14世紀にイタリアで，ⓐギリシャ・ローマの古代文明を学び直し，人間
> の個性や自由を表現する学問や芸術がさかんになった。
> B　羅針盤が実用化され，航海術も進歩し，世界地図もつくられるようになっ
> たため，15世紀にアジアの香辛料などを求めてⓑ大航海時代が始まった。
> C　16世紀にローマ教皇が大聖堂建設の資金集めのために免罪符を売り出し
> たことに反発し，ⓒドイツのルターらが宗教改革を始めた。
> D　イエズス会の宣教師（　ⓓ　）が日本に来航し，キリスト教を伝えた。そ
> のあと，ⓔ南蛮貿易が行われた。

(1)　下線部ⓐの動きを何というか，カタカナで答えなさい。　（　　　　　　　　　）

(2)　下線部ⓑについて，次の①〜③の人物が
　　開拓した航路を，右の地図中のア〜ウから
　　それぞれ1つずつ選び，記号で答えなさい。
　　①　マゼラン　　　　　　（　　　）
　　②　コロンブス　　　　　（　　　）
　　③　バスコ・ダ・ガマ　　（　　　）

(3)　下線部ⓒの改革を支持した人々は，抗議
　　する者という意味で何とよばれたか，答え
　　なさい。　　　　　　（　　　　　　　　　）

(4)　文章中のDのころ，ポルトガル人が鉄砲を伝えた場所を，次のア〜エから1つ選び，
　　記号で答えなさい。
　　ア　博多　　イ　種子島　　ウ　堺　　エ　国友　　　　　　　　　（　　　）

(5)　文章中のⓓにあてはまる人物名を答えなさい。　　　　　（　　　　　　　　　）

(6)　下線部ⓔを行っていた国を，次のア〜エから2つ選び，記号で答えなさい。
　　ア　オランダ　　イ　スペイン　　ウ　ポルトガル　　エ　イギリス
　　　　　　　　　　　　　　　　　　　　　　　　　　　　（　　　　　　　　　）

2 次の資料を見て，あとの問いに答えなさい。 ((1)(2)各7点×4，(3)(4)各8点×2)

A
一　この町は楽市と
しておおせつけら
れているのだから
税や労役はすべて
免除する。
（部分要約）

B
一　日本は神国であ
るから，キリスト
教国が邪教を広め
るのはよくないこ
とである。
（部分要約）

C
一　百姓が刀・わき
ざし・弓・やり・
鉄砲，その他の武
具を所持すること
はかたく禁ずる。
（部分要約）

(1)　Aは，織田信長が出した楽市令である。これを見て，次の問いに答えなさい。
　①　織田信長が築城し，城下町にこの法令が出された城を何というか，答えなさい。
　　　　　　　　　　　　　　　　　　　　　　　　　（　　　　　　　　　　　　）

　②　織田信長がこの法令を出し，楽市・楽座の政策を行った理由を，次のア～エか
　　ら1つ選び，記号で答えなさい。
　　　ア　倭寇を取り締まるため。　　イ　商工業を発展させるため。
　　　ウ　百姓の一揆を防ぐため。　　エ　仏教勢力に対抗するため。　　（　　　　　）

　③　この法令を出した織田信長が，鉄砲を有効に使って武田勝頼を破った戦いを，
　　次のア～エから1つ選び，記号で答えなさい。
　　　ア　桶狭間の戦い　　イ　応仁の乱　　ウ　長篠の戦い　　エ　承久の乱
　　　　　　　　　　　　　　　　　　　　　　　　　　　　　　　（　　　　　）

(2)　Bは，豊臣秀吉が出したバテレン追放令である。豊臣秀吉について述べたものを，
　次のア～エから1つ選び，記号で答えなさい。
　　ア　明の求めに応じて倭寇を禁じるとともに，勘合貿易を始めた。
　　イ　足利義昭を京都から追い出し，室町幕府を滅亡させた。
　　ウ　敵対する比叡山延暦寺を焼き討ちにした。
　　エ　明の征服をめざし，朝鮮へ大軍を派遣した。　　　　　　　（　　　　　）

(3)　Cは豊臣秀吉が出した法令である。この法令を何というか，答えなさい。
　　　　　　　　　　　　　　　　　　　　　　　　　（　　　　　　　　　令）

(4)　織田信長や豊臣秀吉が活躍した時代の文化について述べたものを，次のア～エか
　ら1つ選び，記号で答えなさい。
　　ア　雪舟が水墨画を大成させた。
　　イ　千利休がわび茶を完成させた。
　　ウ　一遍が踊念仏を広めた。
　　エ　清少納言が「枕草子」を書いた。　　　　　　　　　　　　（　　　　　）

解答　別冊P30 ▶

1 点／52点 **2** 点／48点

点／100点

1 次の文章を読んで，あとの問いに答えなさい。 （(1)〜(3)各8点×3，(4)〜(6)各7点×4）

> （　A　）は，関ヶ原の戦いに勝利したのち征夷大将軍に任命され，ⓐ江戸幕府を開いた。幕府は，ⓑ大名の配置を工夫するなど，ⓒ大名の統制に力を注いだ。
> 　また，幕府は，江戸時代の人々を支配するしくみもつくった。特に，幕府や藩の財政を支えていた農民に対しては，ⓓさまざまな規制が加えられた。

(1) 文章中のAにあてはまる人物名を答えなさい。
（　　　　　　　　　）

(2) 下線部ⓐについて，右の図は，江戸幕府のしくみを示している。図中のXにあてはまる役職を，次のア〜エから1つ選び，記号で答えなさい。
　ア　執権　　イ　老中
　ウ　管領　　エ　太政大臣
（　　　　）

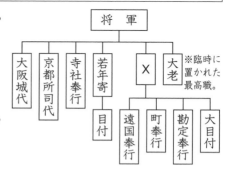

(3) 下線部ⓑについて，関ヶ原の戦い前後から徳川氏に従うようになり，江戸から離れた地域に配置された大名を何というか，答えなさい。　（　　　　　　　　　）

(4) 下線部ⓒについて，右の資料は，大名を統制する目的で出された法令である。これを見て，次の問いに答えなさい。
　① この法令を何というか，答えなさい。
（　　　　　　　　　）

　② この法令に下線部の内容を加えた人物はだれか，答えなさい。
（　　　　　　　　　）

> 一　文武弓馬の道に励みなさい。
> 一　幕府の許可なく，結婚してはならない。
> 一　大名は，領地と江戸に交替で住むこと。毎年4月中に江戸へ参勤すること。
> （部分要約）

(5) 下線部ⓓについて，年貢の納入や犯罪に対して，農民に連帯責任を負わせるしくみを何というか，答えなさい。　（　　　　　　　　　）

(6) 江戸時代の農村のようすを，次のア〜エから1つ選び，記号で答えなさい。
　ア　惣とよばれる自治組織がつくられた。　　イ　村役人が，村の運営にあたった。
　ウ　朝廷から口分田があたえられた。　　　　エ　二毛作が始まった。
（　　　　）

2 右の年表を見て，次の問いに答えなさい。　　　　　　　(各8点×6)

年代	で き ご と
1603	江戸幕府が開かれる……………A
1613	全国に禁教令が出される………↕ a
1624	スペイン船の来航が禁止される…↕ b
1637	島原・天草一揆が起こる………↕ c
1639	ポルトガル船の来航が禁止される ↕ d
1641	鎖国が完成する………………B

(1)　年表中のAのころに行われた貿易について，次の問いに答えなさい。

①　このころの貿易のようすを，次のア〜エから1つ選び，記号で答えなさい。
　　ア　倭寇と区別するため，勘合が用いられた。
　　イ　中国から大量の宋銭が輸入された。
　　ウ　大輪田泊が整備され，瀬戸内海の航路が整備された。
　　エ　貿易を行う大名や商人に朱印状があたえられた。　　　（　　　　）

②　この貿易が行われていたころ，多くの日本人が移住したことで東南アジアにつくられた町を何というか，答えなさい。
　　　　　　　　　　　　　　　　　　　　　（　　　　　　　　　）

(2)　右のことがらが起こった時期を，年表中のa〜dから1つ選び，記号で答えなさい。
　　　　　　　　　　　　　　　（　　　　）

> 日本人の海外渡航・帰国が禁止される

(3)　年表中のBについて，右の絵は，このころに幕府が用いた道具である。この道具が用いられた目的を，次のア〜エから1つ選び，記号で答えなさい。
　　ア　キリスト教徒を見つけ出すため。
　　イ　商工業を発展させるため。
　　ウ　正式な貿易船であることを証明するため。
　　エ　幕府の権力を示すため。　　　（　　　　）

(4)　鎖国下の対外関係について，次の①，②の文があてはまる地域を，右の地図中のア〜エからそれぞれ1つずつ選び，記号で答えなさい。

①　松前藩がアイヌ民族との交易を独占した。　　　　　（　　　　）

②　人工の島である出島がつくられ，オランダとの貿易が行われていた。
　　　　　　　　　　　　　　　　（　　　　）

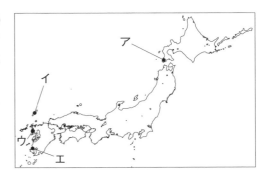

解答　別冊P32▶

1 点／48点　**2** 点／52点

点／**100点**

1 次のA〜Dの文を読んで，あとの問いに答えなさい。　（各6点×8）

> A　江戸時代，各地で大規模な新田開発が進められ，ⓐ新しい農具も開発された。これにより，農地の面積が大幅に増えた。
>
> B　17世紀後半になると，各地でⓑ都市が発展した。大阪には諸藩が年貢米や特産物を保管・販売した（　X　）が置かれ，商業の中心地として栄えた。また，商人が（　Y　）とよばれる同業者組合をつくり，営業を独占していた。
>
> C　幕府は，江戸を起点とするⓒ五街道をはじめ，主要な道路を整備した。また，年貢米や特産物を輸送するために西廻り航路と東廻り航路も開かれた。
>
> D　19世紀になると，ⓓ人を雇って分業で製品をつくらせる大商人や地主が現れた。都市では，ⓔ米を買い占めた商人に対して町人が暴動を起こすこともあった。

(1)　文中のX，Yにあてはまる語句をそれぞれ答えなさい。
　　　　X（　　　　　　　　　　）　Y（　　　　　　　　　　）

(2)　下線部ⓐについて，右の絵は，このころに開発された脱穀を効率的に行う農具である。この農具の名称を答えなさい。
　　　　　　　　　　　　　　　　　（　　　　　　　　　　）

(3)　下線部ⓑについて，このころ三都とよばれて栄えた3つの都市の組み合わせとして正しいものを，次のア〜エから1つ選び，記号で答えなさい。
　　ア　江戸・長崎・京都　　　イ　大阪・堺・博多
　　ウ　江戸・大阪・京都　　　エ　大阪・長崎・博多　　　　　（　　　）

(4)　下線部ⓒについて，右の地図中のA，Bの街道の名称を，次のア〜エからそれぞれ1つずつ選び，記号で答えなさい。
　　ア　奥州道中　　イ　東海道
　　ウ　日光道中　　エ　中山道
　　　　　　A（　　　）B（　　　）

(5)　下線部ⓓのしくみを何というか，答えなさい。　（　　　　　　　　　）

(6)　下線部ⓔの暴動を何というか，答えなさい。　（　　　　　　　　　）

36

2 江戸時代に政治改革を行った人物についてまとめた次のカードを見て，あとの問いに答えなさい。

((1)～(3)各6点×4，(4)～(6)各7点×4)

| A 幕府の財政が苦しくなったため，質を落とした貨幣を発行した。また，生類憐みの令を出した。 | B 上げ米の制を定め，大名に米を納めさせた。また，裁判の基準として公事方御定書を定めた。 | C 長崎貿易を活発にし，蝦夷地の調査や印旛沼の干拓の計画を行った。わいろが横行したため失脚した。 | D 天保の改革を行い，江戸に出稼ぎに来ていた農民を故郷に帰らせた。また，（ X ）を緩和した。 |

(1) A，Cにあてはまる人物を，次のア～エからそれぞれ1人ずつ選び，記号で答えなさい。

　ア　松平定信　　イ　田沼意次　　ウ　徳川綱吉　　エ　徳川吉宗

A（　　　）C（　　　）

(2) Aの人物が活躍したころに栄えた元禄文化の特色を，次のア～エから1つ選び，記号で答えなさい。

　ア　大名や大商人の権力や富を背景に生まれた豪華で壮大な文化。
　イ　江戸を中心に，庶民までも担い手とした文化。
　ウ　大阪や京都などを中心とした，経済力をもった町人を担い手とする文化。
　エ　公家の文化と武家の文化が融合し，禅宗の影響も受けた文化。　　　（　　　）

(3) Bの人物による政治改革を何というか，答えなさい。　　（　　　　　　）

(4) Cの人物が活躍したころ，杉田玄白・前野良沢らがヨーロッパの解剖書を翻訳して出版した書物を何というか，答えなさい。　　（　　　　　　）

(5) Cのあとに栄えた化政文化で，「東海道五十三次」などの浮世絵を描いた人物を，次のア～エから1人選び，記号で答えなさい。

　ア　歌川広重　　イ　十返舎一九　　ウ　小林一茶　　エ　井原西鶴　（　　　）

(6) Dについて，次の問いに答えなさい。

　① Dにあてはまる人物はだれか，答えなさい。

　　（　　　　　　）

　② 右の資料は，カード中のXにあてはまる法令である。この法令を何というか，答えなさい。

　　（　　　　　　）

| 今後は外国船が乗り寄せてきたら，ためらうことなく，ひたすら撃退し，強引に上陸したならばつかまえ，場合によっては討ちとってもかまわない。

（部分要約） |

解答　別冊P34 ▶

1 点／42点　**2** 点／58点

点／100点

1 次のA〜Dの文を読んで，あとの問いに答えなさい。 　（各7点×6）

> A　17世紀後半に名誉革命が起こり，「権利章典」が定められた。
> B　絶対王政が続いていたフランスでは，18世紀後半に圧政に苦しんでいた人々が立ち上がり，ⓐフランス革命が起こった。
> C　18世紀後半，イギリスで新しい動力として蒸気機関が使われるようになると，ⓑ製鉄・造船・鉄道などの産業のしくみが大きく変化した。
> D　19世紀半ばのアメリカでは，奴隷制に反対する北部と，奴隷制に賛成する南部が対立し，ⓒ南北戦争が起こった。

(1)　Aのできごとが起こった国を，次のア〜エから1つ選び，記号で答えなさい。
　ア　アメリカ　　イ　フランス　　ウ　ロシア　　エ　イギリス　　（　　　）

(2)　下線部ⓐについて，次の問いに答えなさい。
　①　右の資料は，下線部ⓐで発表されたものである。これを何というか，答えなさい。
　　　　　　　　　　　　（　　　　　　　　）

　②　この革命のあと，戦争で活躍し，1804年に皇帝に就任した人物はだれか，答えなさい。
　　　　　　　　　　　　（　　　　　　　　）

> 第1条　人は生まれながらにして，自由で平等な権利をもつ。
> 第3条　主権はもともと国民の中にある。
> 　　　　　　　（部分要約）

(3)　下線部ⓑのできごとを何というか，答えなさい。　　（　　　　　　　）

(4)　右の図は，Cのあとのイギリス，インド，清の貿易関係の一部を示したものである。図中のX，Yにあてはまる品目の組み合わせとして正しいものを，次のア〜エから1つ選び，記号で答えなさい。
　ア　X−綿織物　　Y−銅銭
　イ　X−銅銭　　　Y−アヘン
　ウ　X−綿織物　　Y−アヘン
　エ　X−アヘン　　Y−銅銭
　　　　　　　　　　　　（　　　）

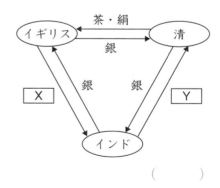

(5)　下線部ⓒで「人民の，人民による，人民のための政治」を訴えた人物を，次のア〜エから1人選び，記号で答えなさい。
　ア　ビスマルク　　イ　リンカン　　ウ　マルクス　　エ　ワシントン
　　　　　　　　　　　　（　　　）

2 右の年表を見て，次の問いに答えなさい。　　((1)〜(6)各7点×6，(7)(8)各8点×2)

年代	で き ご と
1853	＿＿A＿＿ が浦賀に来航する
1854	日米和親条約が結ばれる………B
1858	日米修好通商条約が結ばれる…C
1860	桜田門外の変が起こる………D
	↕E
1867	幕府が朝廷に政権を返上する…F

(1) 年表中のAにあてはまる人物名を答えなさい。
（　　　　　　　　　　）

(2) 年表中のBの条約で開港した港を，右下の地図中のア〜オから2つ選び，記号で答えなさい。
（　　　　　　　　　　）

(3) 年表中のCの条約によって始まった貿易について正しいものを，次のア〜エから1つ選び，記号で答えなさい。

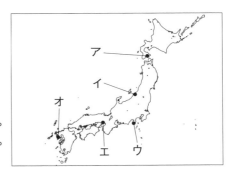

　ア　最大貿易相手国はアメリカであった。
　イ　最大貿易港は長崎であった。
　ウ　物価が下がり，人々の生活が苦しくなった。
　エ　国内の綿織物や綿糸の生産が打撃を受けた。
（　　　　　　　）

(4) 年表中のCのあと，天皇を尊び，外国の勢力を排除しようとする運動がさかんになった。この運動を何というか，答えなさい。
（　　　　　　　　　　）

(5) 年表中のDで暗殺された人物を，次のア〜エから1人選び，記号で答えなさい。
　ア　勝海舟　　イ　吉田松陰　　ウ　井伊直弼　　エ　徳川慶喜　（　　　）

(6) 年表中のEの期間に起きた次のア〜ウのできごとを，年代の古い順に並べ替え，記号で答えなさい。
　ア　坂本龍馬らの仲介で薩長同盟が結ばれる。
　イ　生麦事件に対する報復として薩英戦争が起こる。
　ウ　イギリス・アメリカ・フランス・オランダの艦隊が，下関の砲台を攻撃する。
（　　　→　　　→　　　）

(7) 年表中のFのできごとを何というか，答えなさい。　（　　　　　　　　）

(8) 年表中のFのあと，不満をもつ旧幕府軍と新政府軍の間で争いが起こった。この争いが終結した場所を，次のア〜エから1つ選び，記号で答えなさい。
　ア　鳥羽・伏見　　イ　会津若松　　ウ　函館　　エ　上野　　（　　　）

解答　別冊P36 ▶

1 点／51点 **2** 点／49点

点／100点

1 **右の年表を見て，次の問いに答えなさい。**

((1)～(5)各7点×5，(6)(7)各8点×2)

年代	で き ご と
1868	☐ A ☐ が出される
1871	解放令が出される………B
	岩倉使節団が派遣される…C
1872	鉄道が開通する…………D
	学制が公布される………E
1873	徴兵令が出される………F
	地租改正が行われる………G

(1) 次の資料は，年表中のAにあてはまる，政府が出した新しい政治の方針を示したものである。これを何というか，答えなさい。

> 一　広ク会議ヲ興シ万機公論ニ決スベシ
> 　　　　　　　　　　　（一部抜粋）

（　　　　　　　　）

(2) 年表中のBについて，右下のグラフは，明治時代の身分別人口割合を示している。グラフ中のXにあてはまる語句を答えなさい。

（　　　　　　　　）

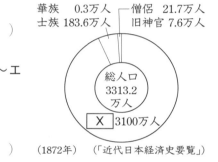

華族　0.3万人　┌僧侶　21.7万人
士族 183.6万人　└旧神官 7.6万人

総人口
3313.2
万人

X　3100万人

(1872年)　（「近代日本経済史要覧」）

(3) 年表中のCで欧米に派遣された人物を，次のア～エから2人選び，記号で答えなさい。
ア　大久保利通　　イ　板垣退助
ウ　西郷隆盛　　　エ　木戸孝允

（　　　　　　　　）

(4) 年表中のDで開通した区間を，次のア～エから1つ選び，記号で答えなさい。
ア　神戸－大阪間　　イ　小樽－札幌間
ウ　新橋－横浜間　　エ　大阪－京都間

（　　　　）

(5) 年表中のEが出されたことで，小学校教育が義務付けられたのは，何歳以上の男女か，答えなさい。

（　　　　　歳以上）

(6) 年表中のFは，欧米に対抗するため，経済を発展させて国力をつけ，強い軍隊をもつという政策の下で定められた。この政策を何というか，答えなさい。

（　　　　　　　　）

(7) 年表中のGの内容についてあてはまるものを，次のア～ウから1つ選び，記号で答えなさい。
ア　土地の所有者を検地帳に登録した。
イ　戸籍に登録された6歳以上の男女に口分田があたえられた。
ウ　土地の所有者に税として地価の3％を現金で納めさせた。

（　　　　）

2 次のA～Cの文章を読んで，あとの問いに答えなさい。 （各7点×7）

> A　明治政府は，外国の技術を取り入れた@官営模範工場を各地につくるなど，殖産興業政策を進めた。また，生活の中に欧米の文化が取り入れられ，ⓑ伝統的な生活が変化していった。
> B　明治政府は©1871年に清と対等な内容の条約を結ぶとともに，朝鮮には武力で開国をせまり，ⓓ日朝修好条規を結んだ。ⓔロシアとは，領土に関する条約を結んだ。
> C　明治政府はⓕ蝦夷地の開拓を進め，北海道に改称し，統治を強化した。また，琉球藩が廃止され，沖縄県が置かれた。

(1)　下線部@について，右の資料は，群馬県につくられた模範工場の一つを描いたものである。この工場を何というか，答えなさい。（　　　　　　　）

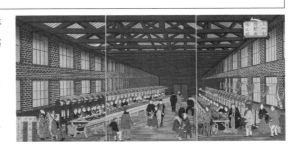

(2)　下線部ⓑについて，次の問いに答えなさい。

①　このころの日本の都市のようすとして誤っているものを，次のア～エから1つ選び，記号で答えなさい。

ア　れんが造りの建物がつくられた。　　　イ　飛脚が各地に手紙を届けた。
ウ　ガス灯やランプが道路につけられた。　エ　太陽暦が採用された。
（　　　）

②　このころ，「学問のすゝめ」を出版した人物はだれか，答えなさい。
（　　　　　　　）

(3)　下線部©の条約を何というか，答えなさい。　　　（　　　　　　　）

(4)　下線部ⓓのきっかけとなった，日本と朝鮮の間で起こった武力衝突を何というか，次のア～エから1つ選び，記号で答えなさい。
ア　太平天国の乱　　イ　アヘン戦争　　ウ　桜田門外の変　　エ　江華島事件
（　　　）

(5)　下線部ⓔの条約で日本領と定められた場所を，右の地図中のア～エから1つ選び，記号で答えなさい。（　　　）

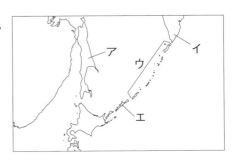

(6)　下線部ⓕのため，各地から北海道に派遣された農業兼業の兵士を何というか，答えなさい。
（　　　　　　　）

解答　別冊P38

1 点／48点 **2** 点／52点

点／100点

1 次の人物カードを見て，あとの問いに答えなさい。 (各6点×8, (5)完答)

A	B	C	D
○@民撰議院設立の建白書を提出した。 ○国会開設の勅諭が出されると，自由党を結成した。	○士族の反乱のうち，最大で最後の⑥西南戦争を引き起こした。	○立憲改進党を結成した。 ○東京専門学校（後の早稲田大学）を創立した。	○ヨーロッパの憲法を学び，帰国後，ⓒ憲法の草案を作成した。 ○初代内閣総理大臣に就任した。

(1) A～Dの人物を，次のア～エからそれぞれ1人ずつ選び，記号で答えなさい。
　　ア　伊藤博文　　イ　板垣退助　　ウ　西郷隆盛　　エ　大隈重信
　　　　　　　　　　　A（　　　）　B（　　　）　C（　　　）　D（　　　）

(2) 下線部@のあとに起こった議会の開設を求める運動は何か，答えなさい。
　　　　　　　　　　　　　　　　　　　　　　　　　　　　　　（　　　　　運動）

(3) 下線部⑥の戦争が終結した場所を，右の地図中のア～エから1つ選び，記号で答えなさい。
　　　　　　　　　　　　　　　　　（　　　）

(4) 下線部ⓒについて，大日本帝国憲法の内容としてあてはまらないものを，次のア～エから1つ選び，記号で答えなさい。
　　ア　天皇が主権者として大きな権限をもっていた。
　　イ　国民の権利や自由は法律の範囲内で認められた。
　　ウ　法律や予算の成立は，帝国議会の承認を必要としなかった。
　　エ　天皇が軍隊を統率する権限をもっていた。
　　　　　　　　　　　　　　　　　　　　　　　　　　　　　　　　（　　　）

(5) 次の文章中の下線部ア～エには誤りが1つある。その記号を選び，正しい語句を答えなさい。

> 　第1回帝国議会のア貴族院の議員は，選挙によって選出された。選挙権があたえられていたのは，イ直接国税15円以上を納めるウ満25歳以上の男子に限られていた。これは，当時の人口のエ約1.1％であった。

　　　　　　　　　　　　　　記号（　　　）　語句（　　　　　　　　　）

2 次の文章を読んで，あとの問いに答えなさい。 （(1)～(3)各6点×4，(4)～(7)各7点×4）

> 19世紀後半，@欧米列強は資源や市場を求めて，アジアやアフリカなどへの侵略を強め，軍事力によってこれらの地域を植民地にしていった。
> このような情勢の中，日本にとって，幕末に結んだ不平等条約を対等なものに改正することは最重要課題であった。⑤日清戦争の直前の1894年，イギリスが日本との条約改正に応じた結果，（ ① ）は撤廃された。残された（ ② ）の完全な回復も，ⓒ日露戦争後の⑩1911年に達成された。

(1) 文章中の①，②にあてはまる語句をそれぞれ答えなさい。

① （　　　　　　　　　） ② （　　　　　　　　　）

(2) 下線部@のような列強の動きを何というか，漢字4字で答えなさい。

（　　　　　　　　　）

(3) 下線部⑤の講和条約が結ばれた結果，三国干渉が起こった。三国干渉で日本が清に返還した地域を，右の地図中のア～エから1つ選び，記号で答えなさい。

（　　　　　　）

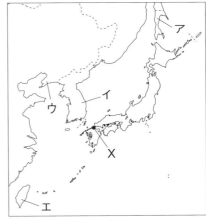

(4) 下線部ⓒの講和条約の内容として誤っているものを，次のア～エから1つ選び，記号で答えなさい。
　ア　樺太の南半分を得た。
　イ　巨額の賠償金を得た。
　ウ　韓国における優越権が認められた。
　エ　旅順・大連の租借権，長春以南の鉄道の利権を得た。

（　　　　　　）

(5) 下線部⑩の前年に，日本が植民地にした地域を，地図中のア～エから1つ選び，記号で答えなさい。

（　　　　　　）

(6) 下線部⑩と同じ年の中国のようすを，次のア～エから1つ選び，記号で答えなさい。
　ア　義和団事件が起こる。　　イ　太平天国の乱が起こる。
　ウ　アヘン戦争が起こる。　　エ　辛亥革命が起こる。

（　　　　　　）

(7) 日清戦争の賠償金をもとに，地図中にXで示した場所に建設された，官営の工場を何というか，漢字5字で答えなさい。

（　　　　　　　　　）

解答　別冊P40 ▶

1 点／49 点 **2** 点／51 点

点／**100点**

1 次の図を見て，あとの問いに答えなさい。 (各7点×7)

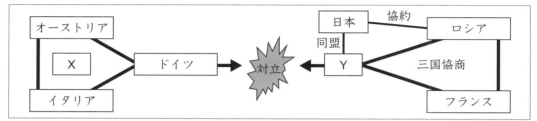

(1) 図は，第一次世界大戦のころのヨーロッパ列強の対立関係を示している。 X にあてはまる関係を，漢字4字で答えなさい。

(　　　　　　　　　)

(2) 図中のYにあたる国はどこか，国名を答えなさい。 (　　　　　　　　　)

(3) 図中のロシアでは，第一次世界大戦中に革命が起こり，社会主義の政府が成立した。このとき革命を指導した人物を，次のア～エから1人選び，記号で答えなさい。
ア マルクス　　イ レーニン　　ウ クロムウェル　　エ リンカン

(　　　　　　　　　)

(4) (3)の革命の波及を恐れた各国は，ロシアのある地域に軍隊を送った。その地域はどこか，カタカナで答えなさい。

(　　　　　　　　　)

(5) 第一次世界大戦の講和条約を何というか，答えなさい。 (　　　　　　条約)

(6) 第一次世界大戦後の1920年に，アメリカ合衆国のウィルソン大統領の提案をもとに発足した，平和と国際協調を目的とした組織を何というか，漢字4字で答えなさい。

(　　　　　　　　　)

(7) 次のア～ウは，第一次世界大戦中から大戦後にかけて起きたできごとである。ア～ウを年代の古い順に並べ替え，記号で答えなさい。
ア ワシントン会議が開かれ，軍備縮小が図られた。
イ 朝鮮で，民族自決の考えに刺激を受けて，三・一独立運動が起きた。
ウ 日本が，中国に二十一か条の要求を認めさせた。

(　　　　→　　　　→　　　　)

44

2 右の年表を見て，次の問いに答えなさい。

((1)〜(4)各6点×5，(5)(6)各7点×3)

(1) 年表中のAの下線部の，第一次世界大戦中の日本経済のようすとして誤っているものを，次のア〜エから1つ選び，記号で答えなさい。

年代	で き ご と
1912	第一次護憲運動が起こる
1914	第一次世界大戦が始まる…A
1918	B が起こる
1922	全国水平社が結成される…C
1923	関東大震災が起こる
1924	第二次護憲運動が起こる
1925	普通選挙法が成立する……D

ア 工業が発展し，それまでの輸入超過から輸出超過に転換した。

イ 米をはじめ国内の物価が上昇し，庶民の生活は苦しくなった。

ウ 空前の好景気となり，海運業が発達し，いわゆる船成金が現れた。

エ 紡績業や織物業が急速に発達し，軽工業の分野で産業革命が進んだ。（　　　）

(2) 年表中のBにあてはまる，富山県の主婦らが米の安売りを求めて米屋などに押しかけたことがきっかけで全国に広がった事件を何というか，答えなさい。

（　　　　　　　　　）

(3) 次の文は，(2)の事件のあとに内閣総理大臣になった人物について述べている。①にあてはまる人物名，②にあてはまる語句をそれぞれ答えなさい。

「（　①　）は，陸軍・海軍・外務の3大臣以外は立憲政友会の党員からなる，本格的な（　②　）内閣をつくった。」

①（　　　　　　　　　）　②（　　　　　　　　　）

(4) 年表中のCのころの社会運動のようすとして誤っているものを，次のア〜エから1つ選び，記号で答えなさい。

ア 小作人の権利を守るための全国組織が結成された。

イ 女性の参政権を求める運動が，平塚らいてうらによって広まった。

ウ 足尾銅山から流れ出る鉱毒により，田畑が被害を受け，田中正造が天皇に直訴した。

エ 労働者は団結して，第1回メーデーを開き，ストライキなどの労働争議を起こした。

（　　　）

(5) 年表中のDについて説明した次の文中の①にあてはまる数字，②にあてはまる語句をそれぞれ答えなさい。

「納税額に関係なく，満（　①　）歳以上の（　②　）に選挙権があたえられた。」

①（　　　　　　　　　）　②（　　　　　　　　　）

(6) 年表中のDと合わせて出された法令を，次のア〜エから1つ選び，記号で答えなさい。

ア 集会条例　イ 徴兵令　ウ 治安維持法　エ 教育勅語　（　　　）

解答　別冊P42

点／100点

1 右のおもな国の鉱工業生産の推移を示すグラフを見て，次の問いに答えなさい。

（各7点×7，⑷完答）

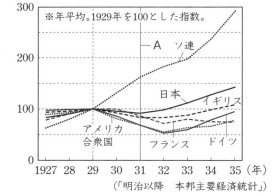

(1) グラフ中で，鉱工業生産が減少している時期が見られる。この時期，ニューヨークの株式市場で株価が大暴落したことをきっかけに，ソ連を除く世界の国々に広がった景気の急激な悪化を何というか，漢字4字で答えなさい。

（　　　　　　　）

(2) (1)のあとに各国が行った経済政策について，次の問いに答えなさい。

① アメリカ合衆国で行われた，農業や工業の生産を調整し，積極的に公共事業を行った政策を何というか，答えなさい。　　　　　　（　　　　　　政策）

② イギリスなどが行った，本国と植民地との関係を強くし，他の国からの輸入品には高い関税をかける政策を何というか，答えなさい。（　　　　　　経済）

(3) グラフの期間中に広まった，民主主義を否定して国家を重視する全体主義の政治運動を何というか，カタカナで答えなさい。（　　　　　　　　）

(4) グラフ中のAの年に，日本軍は鉄道の線路を爆破し，これを機に軍事行動を始め，清の最後の皇帝を元首とする国をつくった。この軍事行動を何というか，漢字4字で答えなさい。また，線路を爆破した場所を，右の地図中のア〜エから1つ選び，記号で答えなさい。

軍事行動（　　　　　　）

場所（　　　　）

(5) (4)のあとに起きた次のア〜エのできごとを，年代の古い順に並べ替え，記号で答えなさい。

ア 日本が国際連盟を脱退する。　　イ 日中戦争が起こる。
ウ 二・二六事件が起こる。　　エ 五・一五事件が起こる。

（　　　→　　　→　　　→　　　）

(6) 1938年，議会の議決を経ずに労働力や物資を集めることができる法律が制定された。この法律を何というか，答えなさい。（　　　　　　　　）

2 次の文章を読んで，あとの問いに答えなさい。 ((1)〜(4)各7点×5，(5)(6)各8点×2)

　　ヨーロッパでは，ドイツが東方への侵略を進め，オーストリアなどを併合したあと，1939年に（　X　）と不可侵条約を結ぶと，（　Y　）に侵攻した。これに対し，イギリスとフランスがドイツに宣戦布告し，第二次世界大戦が始まった。

　　一方，中国との戦争が長期化していた日本は，資源確保のために，東南アジアへ武力による南進を始め，フランス領インドシナ北部に軍を進めるとともに，<u>ⓐドイツ・イタリアに接近した</u>。さらに<u>ⓑ北方の安全を確保する</u>と，フランス領インドシナ南部に軍を進めた。

　　1941年に始まった<u>ⓒ太平洋戦争</u>では，翌年のミッドウェー海戦の敗戦が転機となり，1944年には本土空襲が激しくなった。翌年3〜6月には，<u>ⓓ住民をも巻き込んだ太平洋戦争最後の激しい戦闘が行われ</u>，8月には広島・長崎に原子爆弾が投下され，ソ連も参戦した。このような状況の下，<u>ⓔ日本はついに降伏を決意し</u>，第二次世界大戦が終わった。

---

(1) 文章中のX，Yにあてはまる国名をそれぞれ答えなさい。

　　　　　　　　　　　　X（　　　　　　　　　）　Y（　　　　　　　　）

(2) 下線部ⓐにより，1940年に結んだ同盟は何か，答えなさい。

　　　　　　　　　　　　　　　　　　　　　　（　　　　　　　　　　　）

(3) 下線部ⓑについて，このときソ連と結んだ条約を何というか，答えなさい。

　　　　　　　　　　　　　　　　　　　　　　（　　　　　　　　条約）

(4) 下線部ⓒについて，この戦争中のできごととしてあてはまるものを，次のア〜エから1つ選び，記号で答えなさい。
　ア　戦争に対する国民の不満から，日比谷焼き打ち事件が起こった。
　イ　景気がよくなり，にわかに大金持ちになった成金が現れた。
　ウ　大都市の児童は，集団で地方に疎開させられた。
　エ　社会主義運動が活発になり，大逆事件が起こった。　　　　　（　　　　）

(5) 下線部ⓓの戦闘が起こった場所はどこか，右の地図中のア〜エから1つ選び，記号で答えなさい。

　　　　　　　　　　　　　　　　　　（　　　）

(6) 下線部ⓔについて，日本が受諾した宣言を何というか，答えなさい。　　　　　　（　　　　　　　宣言）

解答　別冊P44

歴史

1 点／52点 **2** 点／48点

点／100点

1 右の人物カードを見て，次の問いに答えなさい。 ((1)～(3)各7点×4, (4)各8点×3)

(1) A，Bの人物の名前を，それぞれ答えなさい。
A （　　　　　　）
B （　　　　　　）

A	B
第二次世界大戦終了後の@1945年から1951年までの間，ⓑ連合国軍総司令部の最高司令官を務めた。	ⓒ1951年にアメリカ合衆国など48か国とサンフランシスコ平和条約を結んだときの内閣総理大臣であった。

(2) 下線部@の時期に成立した国を，次のア～エから1つ選び，記号で答えなさい。
ア　ポーランド　　イ　ベトナム社会主義共和国
ウ　ギニア　　　　エ　中華人民共和国　　　　　　　　　　　（　　　）

(3) 下線部ⓑに関して，連合国軍総司令部の指令をもとに行われた政策としてあてはまるものを，次のア～オから2つ選び，記号で答えなさい。
ア　教育勅語の発布　　イ　農地改革の実施　　ウ　男女雇用機会均等法の制定
エ　太陽暦の採用　　　オ　財閥解体の実施　　　　　　　　　（　　　）

(4) 下線部ⓒの時期について述べた次の文章を読んで，あとの問いに答えなさい。

> 　ⓓ冷たい戦争（冷戦）が深刻になると，アメリカ合衆国は，日本を東側諸国に対抗する西側諸国の一員にしようと考え，ⓔ朝鮮戦争をきっかけに講和を急いだ。日本は，このときにサンフランシスコ平和条約を結び，独立を回復することになった。また，これと同時に日米安全保障条約が結ばれ，（　　　　）ことになった。

① 文章中の下線部ⓓについて，冷戦の始まりから終結の間に起こった次のア～エのできごとを，年代の古い順に並べ替え，記号で答えなさい。
ア　ベルリンの壁の崩壊　　　　　イ　アジア・アフリカ会議の開催
ウ　ソ連のアフガニスタン侵攻　　エ　キューバ危機
（　　　→　　　→　　　→　　　）

② 文章中の下線部ⓔの際に，日本国内の治安維持のために設けられたものは何か，答えなさい。　　　　　　　　　　　　　　　　　　　（　　　　　　　）

③ 文章中の（　　　）にあてはまるものを，次のア～エから1つ選び，記号で答えなさい。
ア　アメリカ軍の基地が引き続き日本に残る
イ　極東国際軍事裁判が開始される
ウ　国際連合への日本の加盟が認められる
エ　沖縄がアメリカ合衆国から日本に返還される　　　　　　　（　　　）

2 次のグラフを見て，あとの問いに答えなさい。 (各8点×6)

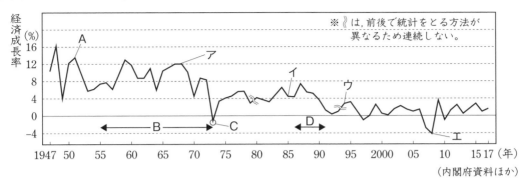

(内閣府資料ほか)

(1) 1951年に経済成長率がグラフ中のAのようになった理由を，次のア～エから1つ選び，記号で答えなさい。
　　ア　自動車や電気機械などの輸出がのび，貿易黒字が増えたから。
　　イ　大戦景気により，鉄鋼や造船の重工業が成長したから。
　　ウ　特需により，日本経済の復興が進んだから。
　　エ　製糸や紡績などの産業が急成長したから。 （　　　　）

(2) グラフ中のBの時期，経済成長率は年平均10％程度を維持していた。このような経済発展を何というか，答えなさい。 （　　　　　　　）

(3) グラフ中のBの時期に見られた社会の変化について述べたものとして誤っているものを，次のア～エから1つ選び，記号で答えなさい。
　　ア　都市に人口が集中するとともに，農村では過疎という新しい問題が起こった。
　　イ　洗濯機などの電化製品が各家庭に急速に普及し，家事負担が軽減された。
　　ウ　食料が不足し，都市の住民は闇市に出かけたり，農村に買い出しに行ったりしていた。
　　エ　公害による被害が相次いで起こり，住民による公害反対の動きが広まった。 （　　　　）

(4) 1973年に起こった第四次中東戦争をきっかけに，世界の経済が打撃を受け，経済成長率もグラフ中のCのように減少した。このできごとを何というか，答えなさい。 （　　　　　　　）

(5) グラフ中のDの時期，企業による株式や土地への投資の増大から，地価や株価が経済の実力以上にふくらんだ。この経済状態を何というか，答えなさい。 （　　　　　　　）

(6) ヨーロッパ連合（ＥＵ）が発足した年を，グラフ中のア～エから1つ選び，記号で答えなさい。 （　　　　）

解答　別冊P46 ▶

24 わたしたちが生きる現代社会と文化 公民

1 点／50点 **2** 点／50点

点／100点

---

1 次の文章を読んで，あとの問いに答えなさい。　((1)〜(3)各8点×4，(4)各9点×2)

> 現代社会においては，A ICT（情報通信技術）が発達するとともに，B 世界各国との結びつきが強まってきた。生活だけでなく，社会の中においてもC 情報の役割が大きくなっている。また，日本においては，D 少子高齢化が進み，人口の減少が問題となっている。

(1) 文章中の下線部Aについて，人間の知能の働きをコンピューターにもたせ，膨大な情報から判断したり，推察したりする人工知能のことを何というか，略称をアルファベット大文字で答えなさい。　　　　　　　　　　　　　（　　　　　　　）

(2) 文章中の下線部Bについて，次の問いに答えなさい。
① 人やもの，お金，情報などが国境をこえて，地球規模に広がっていくことを何というか，答えなさい。　　　　　　　　　　　　　　　　（　　　　　　　）
② 国際分業について述べた文として正しいものを，次のア〜エから1つ選び，記号で答えなさい。
ア　競争力の弱い産業は，他国からの輸入に頼る。
イ　世界各国と協力して，地球規模の課題に取り組む。
ウ　他国からの輸入品と競って，よりよい商品をより安く提供する。
エ　現代の社会の幸福と，将来の社会の幸福を両立させる。　　（　　　　　　　）

(3) 文章中の下線部Cについて，情報化が進む社会で求められている，情報を正しく活用する力を何というか，答えなさい。　　　　　　　　（　　　　　　　）

(4) 文章中の下線部Dについて，次の問いに答えなさい。
① 右のグラフは，日本の家族の類型別世帯数の推移を示している。グラフ中の　X　にあてはまる世帯を何というか，答えなさい。
（　　　　　　　）
② 現在の日本の合計特殊出生率に最も近いものを，次のア〜エから1つ選び，記号で答えなさい。
ア　4.30　　イ　3.30
ウ　2.30　　エ　1.30　　（　　　）

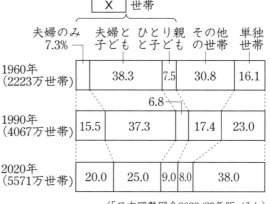

（「日本国勢図会2022/23年版」ほか）

次の文章を読んで，あとの問いに答えなさい。 ((1)～(3)各8点×5，(4)10点)

> 　A文化とは，人々がさまざまなB社会集団で生活する中で，少しずつ形づくられ，共有される。歴史の中で育まれたC伝統文化の中には，存続が難しくなっているものもあるため，保護し，後世に受け継いでいくことが求められている。
> 　また，日本の文化が世界中に広がり，日本へもさまざまな文化が流入している現代では，D多文化共生の実現が重要である。

⑴　文章中の下線部Aのうち，神や仏の存在を信じ，人をこえる力を信仰することで，よりよい生き方について考えることを何というか，漢字2字で答えなさい。

（　　　　　　　　　）

⑵　文章中の下線部Bについて，次の問いに答えなさい。
　①　社会集団における意思決定の方法の1つに多数決がある。多数決の長所として最も適切なものを，次のア～エから1つ選び，記号で答えなさい。
　　ア　全員の意見が反映される。　　イ　少数意見を反映しやすい。
　　ウ　一定の時間内で決定できる。　エ　全員が納得できる。

（　　　　　　　　　）

　②　社会集団における対立を合意に導く上で，「効率」とはどのような考え方か，次のア～エから1つ選び，記号で答えなさい。
　　ア　全員が対等に参加できているか。
　　イ　お金やもの，労力などが無駄なく使えているか。
　　ウ　全員が平等に機会をあたえられているか。
　　エ　結果が不当なものになっていないか。

（　　　　　　　　　）

⑶　文章中の下線部Cについて，次の問いに答えなさい。
　①　次の文中の（　　　）に共通してあてはまる語句を答えなさい。

> 　沖縄や奄美群島では，（　　　　）王国のころから（　　　　）文化を受け継いできた。

（　　　　　　　　　）

　②　伝統文化などの，有形や無形の文化財の保存と活用について，1950年に定められた法を何というか，答えなさい。

（　　　　　　　　　）

⑷　文章中の下線部Dについて，言語や性別，年齢，障がいの有無などに関わらず，だれもが使いやすいように工夫したデザインを何というか，答えなさい。

（　　　　　　　　　）

解答　別冊P48▶

人間の尊重と日本国憲法

1　点／46点　2　点／54点　　点／100点

1 右の資料と年表を見て，次の問いに答えなさい。（(1)各5点×2，(2)〜(6)各6点×6）

(1) 資料1と資料2の名称を，年表中のA〜Dからそれぞれ1つずつ選び，記号で答えなさい。

資料1（　　）
資料2（　　）

資料1　（一部要約）

> 第1条　議会の同意なしに，国王の権限によって，法律とその効力を停止することは法に反する。

資料2　（一部要約）

> 第1条　人は生まれながらに，自由で平等な権利をもつ。社会的な区別は，ただ公共の利益に関係のある場合にしか設けてはならない。

年表

年代	できごと
1215	Aマグナ・カルタが制定される
1689	B権利章典が制定される
1776	Cアメリカ独立宣言が出される
1789	Dフランス人権宣言が出される
1889	大日本帝国憲法が制定される……E
1919	ワイマール憲法が制定される……F
1946	日本国憲法が制定される…………G
1948	（　X　）が出される

(2) 資料2中の下線部の権利を何というか，漢字5字で答えなさい。
（　　　　）

(3) 年表中のEについて，次の問いに答えなさい。

① 大日本帝国憲法で主権をもつのはだれか，答えなさい。
（　　　　）

② 大日本帝国憲法について述べた文として最も適切なものを，次のア〜エから1つ選び，記号で答えなさい。

ア　国民によって定められた憲法である。
イ　国民の権利は，法律によって制限することができる。
ウ　軍隊の統帥権は，各大臣がもっている。
エ　衆議院と貴族院の議員はすべて選挙によって選ばれる。（　　）

(4) 年表中のFで認められるようになった，人間らしい豊かな生活を送る権利を何というか，次のア〜エから1つ選び，記号で答えなさい。

ア　社会権　　イ　自由権　　ウ　平等権　　エ　選挙権（　　）

(5) 年表中のGが公布された月日を答えなさい。（　　　　）

(6) 年表中のXには，国際連合で採択された，人種や宗教，言語などの違いをこえて，人類普遍の価値として人権を認めた宣言があてはまる。この宣言を何というか，答えなさい。（　　　　）

2 右の資料を見て，次の問いに答えなさい。

(各6点×9)

(1) 資料1中の下線部Aについて，次の問いに答えなさい。

① 天皇は日本国と日本国民統合の□□□である。□□□にあてはまる語句を，漢字2字で答えなさい。
（　　　　　　　　　　）

② 資料2は，憲法改正の手続きについて示したものである。資料2中の X ， Y にあてはまる語句を，次のア〜エからそれぞれ1つずつ選び，記号で答えなさい。
ア　4分の1以上　　イ　3分の1以上
ウ　過半数　　　　エ　3分の2以上
X（　　　　）Y（　　　　）

資料1

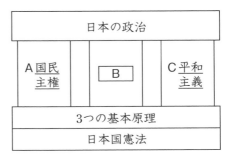

資料2

国会	衆(参)議院	総議員の X の賛成
	参(衆)議院	総議員の X の賛成
国民投票		有効投票の Y の賛成

天皇が国民の名で公布

(2) 資料1中の3つの基本原理の1つであるBについて，次の問いに答えなさい。

① 自由権のうち，好きな職業に就き，自由に財産を使う権利を何というか，答えなさい。
（　　　　　　　　　　）

② 社会権にあてはまらないものを，次のア〜エから1つ選び，記号で答えなさい。
ア　生存権　　イ　団結権　　ウ　選挙権　　エ　勤労の権利　　（　　　）

③ 日本国憲法において，人権が制限される際に用いられる，社会全体の利益を意味する語句を何というか，答えなさい。　　　　　　　　（　　　　　　）

(3) 資料1中の下線部Cについて，次の問いに答えなさい。

① 戦争を放棄する内容は，憲法第何条で定められているか，答えなさい。
（第　　　　　　条）

② 2015年の法改正によって認められた，自国が攻撃を受けていなくても，同盟国が攻撃を受けた場合，防衛活動に参加できる権利を何というか，答えなさい。
（　　　　　　　　　　）

(4) 近年認められるようになった新しい人権のうち，みだりに私生活の情報を公開されない権利を何というか，次のア〜エから1つ選び，記号で答えなさい。
ア　知る権利　　イ　環境権　　ウ　自己決定権　　エ　プライバシーの権利
（　　　）

1 点／48点　2 点／52点

点／100点

1 右の図を見て，次の問いに答えなさい。　(各6点×8，(3)完答)

(1) 図中の下線部Aについて，選挙によって選ばれた代表者が集まり，物事を話し合って決めるしくみを何というか，答えなさい。

（　　　　　　　　　）

```
┌─────────┐   ┌──────────────────────────────┐
│ B内閣    │   │           A国会              │
└─────────┘   │  ┌──────────┬──────────┐  │
     ↑        │  │ 政権を担う │ 政権を監視 │  │
     └────────│  │  X 党    │  Y 党    │  │
              │  └──────────┴──────────┘  │
              └──────────────────────────────┘
                    ↑   C選挙   ↑
              ┌──────────────────────────────┐
              │           D国民              │
              └──────────────────────────────┘
```

(2) 図中の下線部Bについて，1つの政党だけでは議席が過半数に達しないときに，複数の政党によって内閣を組織する政権を何というか，答えなさい。

（　　　　　　　　　）

(3) 図中のX，Yにあてはまる語を，それぞれ漢字1字で答えなさい。

X（　　　　　　党）　Y（　　　　　　党）

(4) 図中の下線部Cについて，次の問いに答えなさい。
① 選挙の基本原則のうち，一定の年齢以上のすべての国民が選挙権をもつことを何というか，次のア〜エから1つ選び，記号で答えなさい。
　ア　平等選挙　　イ　普通選挙　　ウ　秘密選挙　　エ　直接選挙　（　　　）
② 1つの選挙区から1人の代表を選ぶ選挙制度を何というか，答えなさい。（　　　　　　　　　）
③ 比例代表制において6人の候補者を選ぶとき，右の表のように各党が得票した場合，あ党の当選者は何人か，次のア〜エから1つ選び，記号で答えなさい。
　ア　1人　　イ　2人　　ウ　3人　　エ　4人

（　　　）

	得票数
あ党	200
い党	120
う党	80
え党	40
お党	30

(5) 図中の下線部Dについて，次の問いに答えなさい。
① 政治や社会に対して多くの国民がもつ意見を何というか，漢字2字で答えなさい。（　　　　　　　　　）
② ①に影響をあたえる，新聞やテレビ，ラジオなどの不特定多数の人々に情報を伝える手段を何というか，答えなさい。（　　　　　　　　　）

2 次の文章を読んで，あとの問いに答えなさい。 （(1)～(4)各6点×6，(5)各8点×2）

> 　地方自治は，（　A　）の学校ともよばれ，住民によってそれぞれの地域の運営が行われる。各地方公共団体にはB地方議会が置かれ，C首長は住民によって選ばれる。また，住民の意思を地方自治に反映するために，住民にはD直接請求権が認められている。E地方公共団体の財政における格差の解消が課題となっている。

(1) 文章中のAにあてはまる語句を答えなさい。　　　　　　（　　　　　　　　　　）

(2) 文章中の下線部Bについて，次の問いに答えなさい。
　① 　地方議会で定められる，地方公共団体独自の法を何というか，漢字2字で答えなさい。　　　　　　　　　　　　　　　　　　　　（　　　　　　　　　　）
　② 　地方議会の議員に立候補する場合，被選挙権をもつのは満何歳以上か，答えなさい。　　　　　　　　　　　　　　　　　　（満　　　　　　歳以上）

(3) 文章中の下線部Cについて，各都道府県の首長を何というか，答えなさい。
　　　　　　　　　　　　　　　　　　　　　　　　　　　　（　　　　　　　　　　）

(4) 文章中の下線部Dについて，次の問いに答えなさい。
　① 　次の文中の（　　　）にあてはまる語句を，あとのア～エから1つ選び，記号で答えなさい。

> 　議員や首長の解職請求（リコール）を行う場合，有権者数の（　　　）以上の署名を，選挙管理委員会に提出しなければならない。

　ア　50分の1　　イ　10分の1　　ウ　3分の1　　エ　2分の1　（　　　　　）
　② 　市町村合併や公共の建物の建設など，地域の重要な課題について住民の意思を問うときに行われるものは何か，答えなさい。（　　　　　　　　　　）

(5) 文章中の下線部Eについて，次の問いに答えなさい。
　① 　右のグラフ中のア～ウは，秋田県，大阪府，鳥取県のいずれかの歳入の割合を示している。大阪府にあてはまるものを，ア～ウから1つ選び，記号で答えなさい。　　　（　　　　　）
　② 　グラフ中のXにあてはまる，地方公共団体間の財政格差を減らすために国から配分されるお金を何というか，答えなさい。　　　（　　　　　　　　　　）

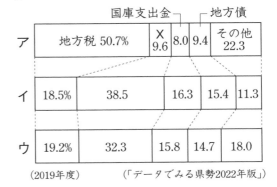

（2019年度）　　（「データでみる県勢2022年版」）

解答　別冊P52

1 　点／63点　**2** 　点／37点　　　　**点／100点**

1 次の条文を読んで，あとの問いに答えなさい。　((1)各5点×3，(2)〜(4)各6点×8)

> 第41条　A国会は，国権の最高機関であつて，国の唯一の（　X　）機関である。
> 第65条　（　Y　）権は，B内閣に属する。
> 第76条①　すべて（　Z　）権は，C最高裁判所及び法律の定めるところにより設置する下級裁判所に属する。

(1) 条文中のX〜Zにあてはまる語句を，それぞれ答えなさい。
　　X（　　　　　　　　　）　Y（　　　　　　　　　）　Z（　　　　　　　　　）

(2) 条文中の下線部Aについて，次の問いに答えなさい。
　① 国会のうち，毎年1回1月に，会期150日間で召集されるものを何というか，答えなさい。　　　　　　　　　　　　　　　　　　（　　　　　　　　　）
　② 衆議院の優越が認められる内容として最も適切なものを，次のア〜エから1つ選び，記号で答えなさい。
　　ア　国政調査　　イ　予算の議決　　ウ　憲法改正の発議　　エ　予算の作成
　　　　　　　　　　　　　　　　　　　　　　　　　　　　　　　（　　　　　）

(3) 条文中の下線部Bについて，次の問いに答えなさい。
　① 内閣が国会に対して連帯して責任をとるしくみを何というか，答えなさい。
　　　　　　　　　　　　　　　　　　　　　　　　　　（　　　　　　　　　）
　② 国や地方公共団体で働く人々をまとめて何というか，答えなさい。
　　　　　　　　　　　　　　　　　　　　　　　　　　（　　　　　　　　　）

(4) 条文中の下線部Cについて，次の問いに答えなさい。
　① 右の図は，三審制のしくみを示している。図中のP，Qにあてはまる語句を，それぞれ答えなさい。
　　　　　P（　　　　　　　）
　　　　　Q（　　　　　　　）
　② 民事裁判において，訴えた人のことを何というか，答えなさい。
　　　　　　　　　　　　（　　　　　　　　　）
　③ 重大な事件の刑事裁判の第一審で，国民が裁判に参加し，裁判官とともに審理を行う制度を何というか，答えなさい。　　　　　　　（　　　　　　　　　）

刑事裁判
最高裁判所
抗告　Q　Q
高等裁判所
抗告　　P
家庭裁判所　地方裁判所
P
簡易裁判所

民事裁判
最高裁判所
Q　抗告　Q
高等裁判所
P　抗告　P　Q
家庭裁判所　地方裁判所
P
簡易裁判所

2 次の図を見て，あとの問いに答えなさい。 ((1)～(5)各6点×5，(6)完答7点)

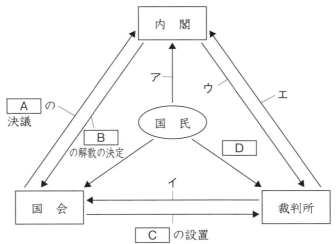

(1) 国の権力を3つに分けて，それぞれ独立した機関が担当するしくみを何というか，答えなさい。 (　　　　　　　)

(2) 図中のAにあてはまる語句を答えなさい。 (　　　　　　　)

(3) 図中のBにあてはまる議院名を答えなさい。 (　　　　　　　)

(4) 図中のCにあてはまる，裁判官としてふさわしくないと訴えられた裁判官について，辞めさせるかどうかを決める裁判所を何というか，答えなさい。 (　　　　　　　)

(5) 図中のDにあてはまる，最高裁判所の裁判官の任命が適任かどうかを国民が判断することを何というか，答えなさい。 (　　　　　　　)

(6) 次の①～④は，国会，内閣，裁判所の三権分立について述べた文である。①～④にあてはまるものを，図中のア～エからそれぞれ1つずつ選び，記号で答えなさい。
① 法律が日本国憲法に違反していないかどうかを審査する。
② 最高裁判所長官を指名する。
③ 行政裁判を実施する。
④ 世論が影響をあたえる。
①(　　　) ②(　　　) ③(　　　) ④(　　　)

解答　別冊P54▶

1 点／49点 **2** 点／51点

点／100点

1 次のA〜Cの文を読んで，あとの問いに答えなさい。 （各7点×7）

> A わたしたちは，さまざまな（ あ ）やサービスを消費して生活を送っている。
> B 消費者が不利益を受けることがないように，消費者庁が設置されている。
> C 商品が，生産者から卸売業者・<u>小売業者</u>などを介して，消費者に届くまでの流れを（ い ）という。

(1) Aについて，次の問いに答えなさい。
① Aの文中の（ あ ）にあてはまる，食品や衣服など，形があり目に見えるものを何というか，漢字1字で答えなさい。 （　　　　　）
② 消費支出にあてはまるものを，次のア〜エからすべて選び，記号で答えなさい。
ア 食費　イ 社会保険料　ウ 娯楽費　エ 税金
（　　　　　）
③ 収入から消費支出と非消費支出を引いた残りを何というか，答えなさい。
（　　　　　）

(2) Bについて，次の問いに答えなさい。
① 消費者が欠陥商品によって被害を受けた場合に，企業に責任を求めることを定めた法を何というか，次のア〜エから1つ選び，記号で答えなさい。
ア 消費者契約法　　　イ 消費者基本法
ウ 消費者保護基本法　エ 製造物責任法（ＰＬ法） （　　　　　）
② 電話販売や訪問販売などで商品を購入したとき，購入後一定期間内であれば消費者側から無条件で契約を解除できる制度を何というか，答えなさい。
（　　　　制度）

(3) Cについて，次の問いに答えなさい。
① Cの文中の（ い ）にあてはまる語句を答えなさい。 （　　　　　）
② Cの文中の下線部について，右のグラフ中のア〜ウは，百貨店，大型スーパー，コンビニエンスストアのいずれかの販売額の推移を示している。コンビニエンスストアにあてはまるものを，ア〜ウから1つ選び，記号で答えなさい。
（　　　　　）

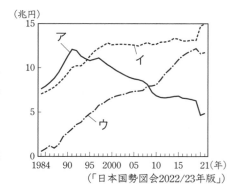

（「日本国勢図会2022/23年版」）

2 次の文章を読んで，あとの問いに答えなさい。 ((1)各8点×2，(2)～(4)各7点×5)

> A企業は，さまざまな製品やサービスを生産・提供している。B株式会社は，法人企業の中では最も数が多く，株式を発行することで多くの人から出資を得て活動している。企業の経営者は，賃金を払ってC労働者を雇い，労働者は対価として労働力を提供する。近年，日本では，労働時間の短縮や，D仕事と個人の生活の両立の実現をめざし，多様な働き方を取り入れつつある。

(1) 文章中の下線部Aについて，次の問いに答えなさい。

① 近年，企業に求められるようになっている「企業の社会的責任」の略称を，アルファベット3字で答えなさい。
（　　　　　　　　　）

② 右のグラフは，大企業と中小企業を比較したものであり，グラフ中のア～ウには，企業数，従業者数，売上高のいずれかがあてはまる。企業数にあてはまるものを，ア～ウから1つ選び，記号で答えなさい。
（　　　　　）

ア	大企業 52.6%	中小企業 47.4
イ	32.7%	67.3
ウ		99.0

└1.0%
(2019年)　　　　（「日本国勢図会2022/23年版」）

(2) 文章中の下線部Bについて，次の問いに答えなさい。

① 株式会社について述べた文として誤っているものを，次のア～エから1つ選び，記号で答えなさい。
ア　株主は，株式会社が倒産した場合，投資した金額以上の責任を負うことがある。
イ　株式を購入する人が多いと，株価は上がる。
ウ　株主は，株主総会に出席し，経営方針の決定にたずさわることができる。
エ　株主は，株式会社が得た利潤の一部を配当として受け取ることができる。
（　　　　　）

② 株式が売買される場所を何というか，漢字5字で答えなさい。
（　　　　　　　　　）

(3) 文章中の下線部Cについて，次の問いに答えなさい。

① 労働時間や休日の設定など，最低限の労働条件について定めた法を何というか，次のア～ウから1つ選び，記号で答えなさい。
ア　労働組合法　　イ　労働基準法　　ウ　労働関係調整法　　（　　　　　）

② パートやアルバイト，契約社員などの労働者をまとめて何というか，答えなさい。
（　　　　　労働者）

(4) 文章中の下線部Dは何とよばれているか，カタカナで答えなさい。
（　　　　　　　　　）

解答　別冊P56▶

1 点／58点 **2** 点／42点

点／100点

1 右の資料を見て、次の問いに答えなさい。 ((1)(2)各7点×4、(3)(4)各6点×5)

(1) 資料1を見て、次の問いに答えなさい。

① 資料1中のAが示す価格を何というか、答えなさい。（　　　　　　）

② 需要曲線がBのように動いたときの、供給量と価格の変化について述べた文として最も適切なものを、次のア〜エから1つ選び、記号で答えなさい。
　ア　供給量が増え、価格が下がる。
　イ　供給量が増え、価格が上がる。
　ウ　供給量が減り、価格が下がる。
　エ　供給量が減り、価格が上がる。（　　　　）

③ 独占禁止法に基づいて、不当な価格協定などを取り締まる行政機関を何というか、答えなさい。（　　　　　　）

資料1

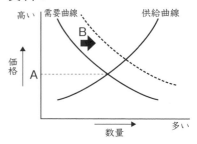

(2) 資料2のように、金融機関が仲介して、預金者から集めたお金を借り手へ貸すことを何というか、答えなさい。（　　　　　　）

資料2

(3) 資料3を見て、次の問いに答えなさい。

① 資料3中の日本銀行は、紙幣を発行する役割があることから何とよばれているか、答えなさい。（　　　　　　）

② 資料3は、不景気のときの日本銀行の政策のようすである。このような、景気を安定させるために日本銀行が行う政策を何というか、漢字6字で答えなさい。（　　　　　　）

③ 不景気において、物価が下がり続ける現象を何というか、答えなさい。（　　　　　　）

資料3

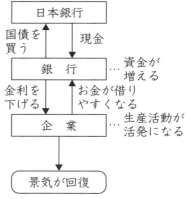

(4) 資料4について、次の問いに答えなさい。

① 円安となるのは、資料4中のア、イのどちらか、記号で答えなさい。（　　　　）

② 異なる通貨を交換する比率を何というか、答えなさい。（　　　　　　）

資料4

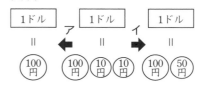

2 次の文章を読んで，あとの問いに答えなさい。　　(各6点×7)

> 　国や地方公共団体の経済的な活動をA財政といい，おもな収入はB税金でまかなわれている。税金だけではお金が足りない場合，国は（　C　）を発行するが，その返済が現在問題となっている。D少子高齢化が進む日本では，E社会保障の充実と経済との両立が課題となっている。また，持続可能な社会の実現をめざす上で，経済成長とF環境保全の両立も求められている。

(1) 文章中の下線部Aについて，一年間の政府の支出を何というか，答えなさい。
　　　　　　　　　　　　　　　　　　　　　　　　　（　　　　　　　　　　）

(2) 文章中の下線部Bについて，次の問いに答えなさい。
　① 税金のうち，間接税にあてはまるものを，次のア～エからすべて選び，記号で答えなさい。
　　　ア　所得税　　イ　消費税　　ウ　たばこ税　　エ　相続税
　　　　　　　　　　　　　　　　　　　　　　（　　　　　　　　　　）

　② 直接税において，所得や財産などが増えるほど，税率を高くする制度を何というか，答えなさい。　　　　　　　　　　　　（　　　　　　　　　　）

(3) 文章中のCにあてはまる語句を答えなさい。
　　　　　　　　　　　　　　　　　　　　　　　　　（　　　　　　　　　　）

(4) 文章中の下線部Dについて，40歳以上の人への加入を義務付けている，保険料を支払うことで，介護が必要になったときに社会全体で支えるための制度を何というか，答えなさい。
　　　　　　　　　　　　　　　　　　　　　　　　　（　　　　　　　　　　）

(5) 文章中の下線部Eの考え方のうち，公的扶助について述べた文として最も適切なものを，次のア～エから1つ選び，記号で答えなさい。
　　ア　最低限の生活ができない人々に，生活費や教育費などを支給する。
　　イ　けがや病気，失業などで働けなくなったときに備える。
　　ウ　生活環境を改善し，感染症などを予防する。
　　エ　高齢者や障がい者，子どもなど，社会的に弱い立場の人々を支援する。
　　　　　　　　　　　　　　　　　　　　　　　　　（　　　　　　　　　　）

(6) 文章中の下線部Fについて，1993年に，環境保全のための国や地方公共団体の責務について定めた法を何というか，答えなさい。
　　　　　　　　　　　　　　　　　　　　　　　　　（　　　　　　　　　　）

解答　別冊P58

1 点／49点　**2** 点／51点

点／100点

1 次の文章を読んで，あとの問いに答えなさい。　　　　　　(各7点×7)

> 　国家は，国民，領域，（　A　）がそろって成り立つ。B国際連合は，C世界の安全と平和を実現するために創設された。主要機関の1つである安全保障理事会は，D常任理事国5か国と非常任理事国10か国とで構成されている。グローバル化が進む現在は，各国が相互依存の状態にあり，Eさまざまな地域で協力関係を強めている。

(1)　文章中のAにあてはまる語句を，漢字2字で答えなさい。

（　　　　　　　　）

(2)　文章中の下線部Bについて，次の問いに答えなさい。
　①　毎年9月に開催される，国際連合のすべての加盟国で構成される会議を何というか，答えなさい。　　　　　　　　　　　　　　（　　　　　　　　）
　②　国際連合の専門機関の1つで，世界遺産の登録や保護などを行っている機関の略称を，次のア～エから1つ選び，記号で答えなさい。
　　ア　ILO　　イ　UNICEF　　ウ　UNHCR　　エ　UNESCO

（　　　　　　　　）

(3)　文章中の下線部Cについて，紛争が起こったあとの地域などに派遣して行われる，国連平和維持活動を何というか，略称をアルファベット大文字で答えなさい。

（　　　　　　　　）

(4)　文章中の下線部Dについて，次の問いに答えなさい。
　①　常任理事国にあてはまらない国を，次のア～エから1つ選び，記号で答えなさい。
　　ア　インド　　イ　アメリカ合衆国　　ウ　フランス　　エ　中国　（　　　）
　②　次の文中の（　　　　）にあてはまる語句を，漢字3字で答えなさい。

> 　常任理事国は（　　　　）をもっており，1か国でも反対すると，重要な議題であっても可決することができない。

（　　　　　　　　）

(5)　文章中の下線部Eについて，ASEANの加盟国として正しいものを，次のア～エから1つ選び，記号で答えなさい。
　　ア　韓国　　イ　シンガポール　　ウ　オーストラリア　　エ　ブラジル

（　　　　　　　　）

2 右の年表を見て，次の問いに答えなさい。　　　((1)〜(3)各7点×3，(4)(5)各6点×5)

年代	で き ご と
1971	日本が（　A　）を国会で決議
1992	国際平和協力法が制定される…B
1997	京都議定書が採択される………C
2015	持続可能な開発目標を設定……D
2022	世界人口が80億人をこえる……E

(1) 年表中のAにあてはまる，核兵器を「もたず，つくらず，もちこませず」という原則を何というか，答えなさい。
（　　　　　　　　　）

(2) 年表中のBに基づいて，ハイチや南スーダンなどへ，武力行使にならない範囲で派遣され，国際貢献を行っている日本の組織を何というか，答えなさい。
（　　　　　　　　　）

(3) 年表中のCで一部の国に排出削減が義務付けられた，二酸化炭素などの地球温暖化の原因となるガスをまとめて何というか，答えなさい。（　　　　　　　　　）

(4) 年表中のDについて，次の問いに答えなさい。
① 持続可能な開発目標を，アルファベットで何というか，答えなさい。
（　　　　　　　　　）

② 発展途上国の人々の経済的な自立をめざすために，発展途上国でつくられた原料や製品などを適正な価格で継続的に購入する運動を何というか，カタカナで答えなさい。
（　　　　　　　　　）

③ 発展途上国に対して，人材育成や資金援助などを通して開発を支援する政府開発援助の略称を，次のア〜エから1つ選び，記号で答えなさい。
ア NPO　イ ODA　ウ NGO　エ GDP　　（　　　　　　）

(5) 年表中のEについて，次の問いに答えなさい。
① 右の資料は，あるテーマをもとにつくられている。あてはまるテーマを，次のア〜エから1つ選び，記号で答えなさい。
ア 人口密度が高い地域
イ 水が不足している地域
ウ 栄養が不足している地域
エ 難民を多く受け入れている地域
（　　　　）

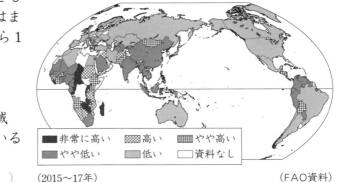

（2015〜17年）　　　　　　　　　　（FAO資料）

② 先進国と発展途上国の経済格差は，その位置関係から何とよばれているか，答えなさい。
（　　　　　　　　　）

解答　別冊P60 ▶

●編　者
　　数研出版編集部
●カバー・表紙デザイン
　　bookwall
●写真出典
　　国立国会図書館ウェブサイト

初版
第１刷　2023年５月１日　発行

発行者　星野　泰也

ISBN978-4-410-15385-3

高校入試　苦手がわかる対策ノート　社会

発行所　**数研出版株式会社**

本書の一部または全部を許可なく
複写・複製することおよび本書の
解説・解答書を無断で作成するこ
とを禁じます。

〒101-0052　東京都千代田区神田小川町２丁目３番地３
　　　　　　〔振替〕00140-4-118431
〒604-0861　京都市中京区烏丸通竹屋町上る大倉町205番地
〔電話〕代表　(075)231-0161
ホームページ　https://www.chart.co.jp
印刷　創栄図書印刷株式会社
　　　乱丁本・落丁本はお取り替えいたします　230301

苦手がわかる

対策ノート

社会

数研出版編集部 編

解答編

数研出版
https://www.chart.co.jp

も く じ （解答）

答え

1 (1) 太平洋　　(2) オセアニア
(3) バチカン市国　　(4) 南緯30度，東経60度
(5)① エ　　② ウ
(6)① 南アメリカ　　② エ
2 (1) 熱帯　　(2) 西岸海洋性
(3) ア　(4) ウ　(5) C
(6)B ア　　D ウ

解説

1

(1) 海洋のうち，太平洋，大西洋，インド洋を三大洋という。

(2) 世界の国々は，アジア州，ヨーロッパ州，アフリカ州，北アメリカ州，南アメリカ州，オセアニア州に分けられる。

(3) バチカン市国は，イタリアの首都ローマの市内に位置している。

(4) 緯度0度の緯線（赤道）は，アフリカ大陸中部や南アメリカ大陸北部を通る。経度0度の経線（本初子午線）は，イギリスのロンドンやアフリカ大陸西部を通る。

(5)① 経度15度ごとに1時間の時差が生じる。経度180度の経線にほぼ沿った日付変更線の西側が最も時間が進んでいる。

② アの択捉島は北の端，イの与那国島は西の端，ウの沖ノ鳥島は南の端，エの南鳥島は東の端に位置している。

(6) 地図2は，中心からの距離と方位が正しい地図である。地図の上が北を示している。

2

(1) 気温と降水量によって，熱帯，乾燥帯，温帯，冷帯（亜寒帯），寒帯に分けられる。

(2) 温帯は，温暖湿潤気候，地中海性気候，西岸海洋性気候に分けられる。西岸海洋性気候は，おもにヨーロッパ西岸に分布する。

(3) Aの都市（カイロ）は乾燥帯の砂漠気候に属している。イは冷帯（亜寒帯）で，ウは乾燥帯のステップ気候で，エは寒帯で見られる自然環境である。

(4) Bの都市は，タイの首都バンコクである。タイは，国民の大部分が仏教を信仰している。

(5) ユーラシア大陸の北部に広がるシベリアには，一年を通して凍ったままである永久凍土が広がっている。

(6) Aは降水量が少ないイ，Bは年平均気温が高いア，Cは年平均気温が低いエ，Dは南半球にあるため，7月ごろの気温が低いウがあてはまる。

1 世界はおもに 6 つの大陸と 3 つの大洋からなり，世界の国々は 6 つの州に分けられます。日本や世界の国々の位置を，地図帳で確認しておきましょう。また，日本の領域や周囲の国々についても調べておくとよいでしょう。

2 世界の気候は，気温や降水量から 5 つの気候帯に分けられ，世界各地の衣・食・住は，それぞれの気候に合わせた特色があります。それぞれの地域でどのような暮らしをしているのか，気候とセットで頭に入れておきましょう。また，宗教の分布についても復習しておきましょう。

覚えておきたい知識

【世界と日本の姿】

- 六大陸…ユーラシア大陸，アフリカ大陸，北アメリカ大陸，南アメリカ大陸，南極大陸，オーストラリア大陸の順に大きい。
- 三大洋…太平洋，大西洋，インド洋の順に大きい。
- 日本の領域…東経 135 度を標準時子午線とする。排他的経済水域が領土面積よりも大きい。

▼六大陸と三大洋

【世界各地の生活と環境】

- 気候区分
  熱帯…熱帯雨林気候，サバナ気候
  乾燥帯…ステップ気候，砂漠気候
  温帯…温暖湿潤気候，地中海性気候，西岸海洋性気候
  冷帯（亜寒帯）気候
  寒帯…ツンドラ気候，氷雪気候

▼世界の気候帯

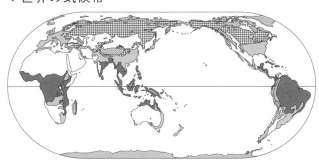

■寒帯　▦冷帯（亜寒帯）　■温帯　□乾燥帯
■熱帯　▨高山気候

- 宗教…キリスト教，イスラム教，仏教が三大宗教。インドではヒンドゥー教の信仰がさかん。

答え

1 (1) 季節風（モンスーン）　(2) 遊牧
(3) 経済特区　(4) エ
(5) ＡＳＥＡＮ　(6) イ　(7) ア

2 (1) フィヨルド　(2) 北大西洋海流
(3) ウ　(4) ユーロ
(5) イ　(6)Ａ　ア　　Ｂ　エ

解説

1

(1) 季節風（モンスーン）は，夏は海洋から大陸に向かって，冬は大陸から海洋に向かって吹く。

(2) 西アジアや中央アジアでは，羊ややぎ，らくだなどの遊牧が行われている。

(3) 中国は，経済特区の設置などによって工業化を進め，世界各地に工業製品を輸出していることから，現在は「世界の工場」とよばれている。

(4) インドは，アメリカ合衆国との時差が約半日あることをいかして，アメリカ合衆国の業務を請け負い，ＩＣＴ（情報通信技術）産業を発展させた。

(5) ＡＳＥＡＮ（東南アジア諸国連合）には，インドネシアやタイなど10か国が加盟している（2023年3月現在）。

(6) 西アジアの産油国の多くは，ＯＰＥＣ（石油輸出国機構）に加盟している。

(7) アジアには，世界の総人口の約6割が住んでおり，シャンハイやデリーなど，世界的な巨大都市に成長した都市もある。

2

(1) Ｘのスカンディナビア半島の沿岸部では，氷河によってできたフィヨルドが見られる。

(2) ヨーロッパ西部は，暖流の北大西洋海流と偏西風の影響を受けて，高緯度のわりに温暖になっている。

(3) Ｚの地中海沿岸部では，乾燥する夏にオレンジやオリーブなどの果樹を，雨の降る冬に小麦などの穀物を栽培する地中海式農業が行われている。

(4) ヨーロッパ連合（ＥＵ）では，経済的な結びつきを強めるために，共通通貨であるユーロが導入された。

(5) ヨーロッパ諸国は，1つの国の面積や人口規模が小さいことから，ＥＵとして団結することで，アメリカ合衆国や中国などの大国に対抗している。

(6) ＥＵでは，加盟国間の経済格差が拡大しており，東ヨーロッパやアフリカなどから，賃金の高い西ヨーロッパへ，移民や難民が流入している。

1 アジア州は，季節風（モンスーン）の影響を受け，降水量が多い地域では稲作，少ない地域では畑作，乾燥する地域では遊牧が行われています。中国やインドなどでは，人口の増加とともに工業化を進め，経済が発展しました。一方で，人口が集中する大都市では，大気汚染などの環境問題が発生しています。

2 ヨーロッパでは，第二次世界大戦後，鉱産資源の共同利用などから経済的な協力が始まり，1993年にヨーロッパ連合（ＥＵ）に発展しました。国境を越えた技術協力などが行われる一方で，加盟国間の経済格差が問題となり，2020年にはイギリスがＥＵを離脱しました。

📖 覚えておきたい知識

【アジア州】
・中国…沿岸部に経済特区を設置。人口抑制のための一人っ子政策が廃止された。
・東南アジア…植民地時代にプランテーションがつくられた。ＡＳＥＡＮ（東南アジア諸国連合）を結成。
・インド…ＩＣＴ（情報通信技術）産業が発展。
・西アジア…石油など鉱産資源が豊富で，ＯＰＥＣ（石油輸出国機構）を結成。

【ヨーロッパ州】
・自然…中央部にアルプス山脈。ライン川などの国際河川が流れる。北部にフィヨルド。暖流の北大西洋海流と偏西風により，西の沿岸部は温暖な気候。
・文化…おもにキリスト教を信仰。
・経済…ヨーロッパ連合（ＥＵ）による経済的な統合が進む。共通通貨のユーロを使用し，航空機などで国境を越えた技術協力が進む。加盟国間の経済格差が問題となっている。

▼中国の省別一人あたりＧＤＰ

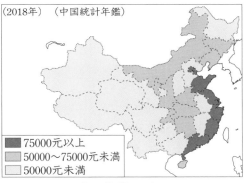

(2018年)　（中国統計年鑑）

75000元以上
50000～75000元未満
50000元未満

▼ヨーロッパの農業区分

混合農業
酪農
地中海式農業

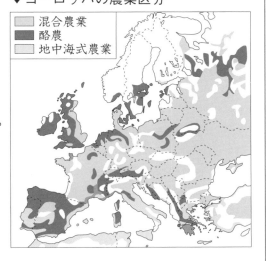

答え

1 (1) ア　　(2) ミシシッピ
　　(3) え　　(4) 適地適作
　　(5) サンベルト　　(6) ハリケーン　　(7) ヒスパニック
2 (1) あ　　(2) インカ
　　(3)① アマゾン　　② エ
　　(4)チリ　イ　　ブラジル　ウ

解説

1

(1)　北アメリカ州の西部に南北に連なる山脈は、ロッキー山脈である。

(2)　ミシシッピ川流域には、中央平原が広がっている。

(3)　あは小麦の栽培、いは酪農、うはとうもろこしの栽培がさかんな地域を示している。

(4)　アメリカ合衆国では、気候や土壌に合わせた農業を大規模に行う企業的な農業がさかんである。

(5)　Ｘは北緯37度の緯線である。豊富な労働力や広い土地を利用して、1970年代以降に航空宇宙産業やICT（情報通信技術）産業が発達した。

(6)　ハリケーンは8月から9月にかけて多く発生する。

(7)　ヒスパニックはメキシコなどから移住してくるため、アメリカ合衆国の南部に多く暮らしている。

2

(1)　赤道は、ブラジルのアマゾン川の河口付近を通っている0度の緯線である。

(2)　アンデス山脈沿いに、15世紀ごろにインカ文明（帝国）が栄えたが、16世紀にやってきたスペイン人によって滅ぼされた。

(3)①　アマゾン川は、南アメリカ州を流れる流域面積世界最大の河川である。流域には熱帯雨林が広がり、焼畑農業が行われている。

②　ブラジルの自動車は、バイオエタノール（バイオ燃料）に対応したものが多くなっている。

(4)　チリは銅の生産がさかんなことから、輸出上位が銅（鉱）となっているイ、ブラジルは鉄鉱石の生産がさかんで、工業化が進んでいることからウである。アは原油の割合が高いことからOPECに加盟しているベネズエラ、エは農産物が上位にあることからアルゼンチンである。

1 北アメリカ州は，多くの移民で構成されているアメリカ合衆国が中心となります。気候に合わせて行われている農業のようす，19世紀から発達した五大湖周辺や1970年代以降に発達したサンベルトでの工業のようすを確認しておきましょう。

2 南アメリカ州は，インカ文明が栄えるなど，昔から先住民が暮らしていましたが，大部分が16世紀以降，ヨーロッパの国々の植民地となりました。そのため，産業の発展が遅れている国も多く，輸出を鉱産資源に頼っているところも多くあります。先住民の暮らしの変化や，文化の融合などを，南アメリカ州の環境の変化とともに見直しておきましょう。

📖 **覚えておきたい知識**

【北アメリカ州】

・自然…西部にロッキー山脈，東部にアパラチア山脈。ミシシッピ川周辺には中央平原が広がる。

・産業…アメリカ合衆国は，適地適作による企業的な農業がさかん。工業は，ICT（情報通信技術）産業がさかんで，サンフランシスコ近郊にはシリコンバレー，北緯37度以南にはサンベルトが広がる。世界各地に展開する多国籍企業も多い。

▼北アメリカ州の地形

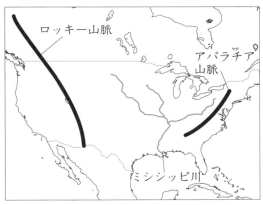

【南アメリカ州】

・自然…西部にアンデス山脈，東部には流域面積世界最大で流域に熱帯雨林が広がるアマゾン川。

・産業…ブラジルはさとうきびを利用したバイオエタノール（バイオ燃料）の生産がさかん。アマゾン川流域では，焼畑農業が行われてきたが，近年，開発による環境破壊が問題になっている。ラプラタ川流域のパンパでは，小麦の栽培と牧畜がさかん。

▼南アメリカ州の地形

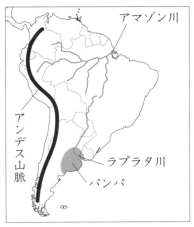

4 世界の諸地域③

答え

1 (1)① サハラ砂漠　② サヘル
　(2) エ　(3) イ　(4) レアメタル
　(5) 植民地　(6) モノカルチャー経済

2 (1) さんご礁　(2) マオリ
　(3) イ　(4) ア　(5) ウ
　(6)① ＡＰＥＣ
　　②Ａ　イ　Ｂ　ウ

解説

1

(1)① アフリカ大陸北部には，世界最大のサハラ砂漠が広がっている。

② サヘルでは，干ばつや過放牧などから，砂漠化が進行している。

(2) ナイル川は，世界最長の河川である。

(3) ギニア湾沿岸のガーナやコートジボワールなどには，植民地時代にカカオ豆などのプランテーションがつくられ，現在も世界有数のカカオ豆の生産国となっている。

(4) レアメタルは，スマートフォンなどの電子機器に使用されている。

(5) アフリカの大部分は，19世紀後半にヨーロッパ諸国の植民地となった。植民地時代の境界が現在も国境線となっている国が多く，民族や宗教，言語，文化の違いから，紛争や内戦が続いている国もある。

(6) モノカルチャー経済の国は，天候や国際価格の変動を受けて，国の収入が安定しないという問題がある。

2

(1) 火山島やさんご礁に囲まれた島々は，観光資源にもなっている。

(2) オーストラリアにはアボリジニ，ニュージーランドにはマオリといった先住民が暮らしており，さまざまな文化を尊重し合う多文化社会が形成されている。

(3) オーストラリア大陸の内陸部は乾燥帯に属し，草原や砂漠が広がっている。北部は熱帯，南東部や南西部は温帯に属している。

(4) オーストラリアの北東部では牛，東部や南西部では羊の飼育がさかんである。

(5) オーストラリアの北西部では鉄鉱石，東部では石炭の産出がさかんである。

(6)① オーストラリアは近年，アジア諸国との結びつきを深めている。1970年代には白豪主義を撤廃し，アジアからの移民が増加した。

② オーストラリアはかつてイギリスの植民地だったため，イギリスとの貿易がさかんだったが，近年は中国が最大の貿易相手国となっている。

学習のアドバイス ················ 得点が低かったところを読もう！ ················

1 アフリカ州の多くの国々は，かつてヨーロッパ諸国の植民地支配を受け，現在も国境や言語，宗教などに多くの影響が残っています。また，カカオ豆やダイヤモンド，石油といった特定の農産物や鉱産資源の輸出に頼るモノカルチャー経済の国が多く，非政府組織（ＮＧＯ）などの支援により，工業化や新たな産業に取り組んでいます。

2 オセアニア州の国の多くは，かつてイギリスの植民地でしたが，オーストラリアでは1970年代に白豪主義が撤廃され，アジアからの移民が増加するなど，多文化社会へと変化しました。近年は，オーストラリアがＡＰＥＣ（アジア太平洋経済協力）を主導するなど，アジアとの結びつきを強めようとしています。

覚えておきたい知識

【アフリカ州】

- 自然…北部にサハラ砂漠が広がり，ナイル川が流れている。赤道近くの熱帯雨林の周辺にサバナが広がる。
- 歴史…植民地時代の影響を受け，英語やフランス語などを公用語とし，キリスト教を信仰する国が多い。
- 産業…ギニア湾沿岸でカカオ豆の栽培がさかん。レアメタルなど鉱産資源が豊富。
- 経済…特定の農産物や鉱産資源の輸出に頼るモノカルチャー経済の国が多い。

▼モノカルチャー経済の国の輸出

ザンビア(2020年)		
銅 73.5%	銅鉱 2.3	その他 24.2

ナイジェリア(2020年)		
原油 75.4%	液化天然ガス 11.2	その他 13.4

コートジボワール(2019年)			
カカオ豆 28.1%	石油製品 8.8	金(非貨幣用) 8.5	その他 54.6

（「世界国勢図会2022/23年版」）

【オセアニア州】

- 歴史…かつてはイギリスの植民地。オーストラリアにアボリジニ，ニュージーランドにマオリなどの先住民が暮らす。
- 産業…オーストラリアは牛や羊の飼育，鉄鉱石と石炭の産出がさかん。
- 経済…ＡＰＥＣ（アジア太平洋経済協力）などによって，アジアとの結びつきを強めている。

▼オーストラリアの移民出身地域

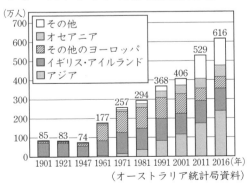

（オーストラリア統計局資料）

9

5 地域調査の手法

答え

1 (1) 国土地理院　(2) 縮尺
(3)A　カ　　B　ア
(4) エ　(5) 750m
(6)X　等高線　　Y　急

2 (1) ウ　(2) エ
(3) イ　(4) ウ
(5) 尾根　(6) 2万5000分の1

解説

1

(1) 土地利用や土地の高低，交通路，建物などを示した地形図は，国土地理院によって発行されている。

(2) 実際の距離を縮小した割合を縮尺といい，2万5000分の1や5万分の1などの地形図がある。

(3) アの小・中学校は文，イの交番はX，ウの消防署はY，エの病院は田，オの寺院は卍，カの博物館・美術館は血で示される。

(4) 方位記号がない場合，地形図の上が北を示している。市役所の地図記号は◎である。市役所から見て左下に総合体育館があるため，南西だとわかる。

(5) 実際の距離は，「地形図上の長さ×縮尺の分母」で求めることができる。したがって，
　　$3 \times 25000 = 75000$ (cm) $= 750$ (m)
となる。

(6) 等高線から土地の起伏を読み取ることができる。等高線の間隔がせまいほど，傾斜は急である。

2

(1) 扇状地は，川が山間部から平地に流れ出るところにできる。アの三角州は，川の河口部に見られる。

(2) ❍は果樹園の地図記号である。扇状地であるXでは，水はけがよいことから果樹栽培がさかんである。田はⅡ，畑は∨，茶畑は∴で示される。

(3) 縮尺が2万5000分の1の地形図では，主曲線は10mごとに描かれる。また，等高線上や山頂の数字は，その地点の標高を示している。Aの地点はおよそ570m，Bの地点はおよそ750mに位置することから，イがあてはまる。

(4) 2地点間を結んだ直線と等高線が交わるところの標高を読み取ると，土地の起伏やおおよその土地の形がわかる。

(5) ふもとから山頂に向かって等高線が∨字に曲がっているところは谷となる。

(6) 2万5000分の1の地形図は，5万分の1の地形図の4倍の大きさで同じ範囲を表すため，より詳しい地図となる。

1 国土地理院は，2万5000分の1や5万分の1の縮尺の地形図を発行しています。地形図の上が北を示しており，地図記号によって，土地利用や建物，交通路などが表されています。代表的な地図記号は覚えておきましょう。また，縮尺と地形図上の長さから，実際の距離を求められるようにしましょう。

2 同じ高さの地点を結んだ線を，等高線といいます。地形図では，等高線から土地の起伏やおおよその土地の形などを読み取ることができます。さまざまな地形図の問題にチャレンジし，地形図を読み取る練習をしてみましょう。

覚えておきたい知識

【地域調査の手法】

・おもな地図記号

土地利用		建物・施設			
田	‖	市役所	◎	高等学校	⊗
畑	∨	町・村役場	○	病院	⊞
果樹園	♂	消防署	Ｙ	寺院	卍
広葉樹林	♀	交番	✕	神社	🧷
針葉樹林	∧	郵便局	⊖	老人ホーム	🏠
茶畑	∴	警察署	⊗	図書館	◫
竹林	〵	発電所・変電所	☼	博物館・美術館	🏛
荒地	ⅲ	小・中学校	文	記念碑	◻

・実際の距離
　＝地形図上の長さ×縮尺の分母
・等高線…等高線の間隔がせまいほど，地表の傾斜は急である。山頂からふもとに向かって等高線が張り出しているところが尾根，ふもとから山頂に∨字に曲がっているところが谷。

等高線		2万5000分の1地形図	5万分の1地形図
計曲線	——	50mごと	100mごと
主曲線	—	10mごと	20mごと
補助曲線	········	5mごと，2.5mごと	10mごと
	··············	－	5mごと

11

6 日本の地域的特色①

答え

1 (1) フォッサマグナ　(2) リアス海岸
　(3) ウ　(4) 大陸棚　(5) あ
　(6) a イ　b エ　c ア　d ウ

2 (1)① イ　② 東日本大震災
　(2) ハザードマップ（防災マップ）
　(3) 減災　(4) あ（→）う（→）い
　(5) エ

解説

1

(1) フォッサマグナの東側では南北に，西側では東西に山地・山脈が連なっている。

(2) リアス海岸は，Yの三陸海岸南部のほか，志摩半島や若狭湾などで見られる。

(3) 日本列島のまわりには，暖流の黒潮（日本海流）と対馬海流，寒流の親潮（千島海流）とリマン海流が流れている。

(4) 大陸棚はプランクトンが多いことから，好漁場となっている。また，地下資源が豊富である。

(5) 日本の河川は，大陸の河川と比べて川の長さが短く，傾斜が急である。いはセーヌ川，うはナイル川，えはアマゾン川。

(6) a（札幌市）は北海道の気候に属するので，冬の気温が低く年降水量が少ないイ。b（上越市）は日本海側の気候に属するので，冬の降水量が多いエ。c（高松市）は瀬戸内の気候に属するので，温暖で年降水量が少ないア。d（那覇市）は南西諸島の気候に属するので，一年を通して温暖なウ。

2

(1)① 津波は，海底を震源とする地震によって，引き起こされることがある。
　② 東日本大震災では，津波によって沿岸部に多大な被害が発生した。

(2) 地域によって，地震の被害のほか，洪水，土砂崩れ，火山の噴火などを予測したハザードマップ（防災マップ）がつくられている。

(3) 自然災害そのものを止めることはできないことから，前もって対策をすることで，被害を減らそうとしている。

(4) 人口ピラミッドは，国や地域ごとの人口構成を示したグラフである。人口ピラミッドは，少子高齢化が進むとともに，富士山型から，あ，うのつりがね型，いのつぼ型へと変化する。

(5) 山間部や農村，離島などで過度に人口が減少し，地域社会の維持が難しくなることを過疎という。ア，イ，ウは，大都市などに人口が過度に集中する過密によって発生する問題である。

1 日本列島には，険しい山地・山脈が連なり，国土の約4分の1を占める平地には，扇状地や三角州などさまざまな地形が見られます。また，日本列島のまわりには4つの海流が流れており，日本の気候に影響をあたえています。日本列島は南北に長いことから，地域によって大きく6つの気候に分けられます。

2 日本は，地震や火山の噴火などの自然災害が多い国であることから，自然災害による被害を減らすために，ハザードマップ（防災マップ）の作成などさまざまな取り組みが行われています。また，日本の人口は少子高齢化が進んでいます。過密地域や過疎地域でどのような問題が起こっているのか，整理しておきましょう。

覚えておきたい知識

【日本の気候】

・気候帯…本州・四国・九州がおもに温帯，北海道が冷帯（亜寒帯）。季節風（モンスーン）の影響を受ける。

・気候区分…北海道の気候，日本海側の気候，太平洋側の気候，中央高地（内陸）の気候，瀬戸内の気候，南西諸島の気候に分けられる。

・梅雨や台風…風水害をもたらすことがある。

【日本の人口】

・日本の人口…約1億2600万人（2021年）。2010年以降減少しており，少子高齢化が進む。人口の多くは，三大都市圏に集中。

・過密…大都市に人口が集中することで，交通渋滞や住宅の不足，大気汚染，ごみ処理などの問題が起こる。

・過疎…山間部や農村，離島から人口が流出することで，公共交通機関の廃止や学校の統廃合などの問題が起こる。

▼日本の気候区分

▼日本の人口の移り変わり

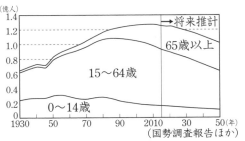

（国勢調査報告ほか）

答え

1 (1) ア　　(2) ウ
(3) 第1次産業
(4)米　あ　　大豆　え
(5) 太平洋ベルト　　(6) 産業の空洞化
2 (1) イ
(2)① 成田国際空港　　② ウ
(3) エ

解説

1

(1) 日本は，おもに火力発電によって電力をまかなっている。イはフランス，ウはカナダ，エはドイツの発電量の割合を示している。

(2) 再生可能エネルギーとは，くり返し利用することが可能なエネルギーのことである。

(3) 第1次産業は農林水産業，第2次産業は鉱工業や建設業，第3次産業はこれら以外の運輸業や教育，医療などのサービス業があてはまる。

(4) あは米，いは野菜，うは果物，えは大豆の食料自給率の推移を示している。農産物の輸入が自由化されたことで，日本の食料自給率の低下が問題となっている。

(5) 臨海部は輸送に便利であることから，太平洋ベルトが形成された。近年は交通網の発達により，内陸型の工業地域も形成されている。

(6) 1980年代後半以降，中国や東南アジアへの工場の移転が進んだ。

2

(1) 日本では，高速道路が全国に整備されたことによって，旅客・貨物ともに，自動車輸送が中心となっている。アは鉄道，イは自動車，ウは船舶，エは航空機があてはまる。

(2)① 千葉県北部に位置する成田国際空港は，世界各地と結ばれており，世界有数の国際空港である。

② 航空機では，軽量で価格が高い集積回路などの電子部品や，新鮮さを保つことが必要な花きなどが輸送される。したがって，集積回路がふくまれるウが成田国際空港の輸入品上位5品目にあてはまる。アは東京港，イは名古屋港，エは横浜港である。

(3) 東北地方や中国・四国地方の割合が高く，三大都市圏や地方中枢都市周辺などの割合が低いことから，エの都道府県別の人口に占める65歳以上の割合があてはまる。地域区分を行うことによって，日本の特色を地図で表すことができる。

1 日本のエネルギーは火力発電が中心となっていますが，その原料のほとんどを輸入に頼っており，エネルギー自給率は低くなっています。再生可能エネルギーを普及させることで，持続可能な社会をめざしています。日本の農業では食料自給率の低下が，日本の工業では産業の空洞化が問題となっていることをおさえておきましょう。

2 日本の交通・通信は，高度経済成長期に高速道路や新幹線，航空などの高速交通網が発達し，近年は，インターネットなどの高速通信網も発達しました。日本の地域区分は，自然環境や産業，人口などさまざまなテーマがあります。割合が高い地域や低い地域に共通する特徴を考えることがポイントです。

覚えておきたい知識

【日本の資源・エネルギー】

- 日本の発電…かつては水力発電が多かったが，現在は火力発電が中心。2011 年以降，原子力発電の利用を見直し。エネルギー自給率が低い。
- 資源の活用…地熱や太陽光などの再生可能エネルギーの利用を進め，レアメタルなどのリサイクルを行うことで，持続可能な社会の実現をめざしている。

【日本の産業】

- 第１次産業…農林水産業。食料自給率の低下が問題。
- 第２次産業…鉱工業，建設業。太平洋ベルトを中心に，臨海部に工業地域を形成。かつては加工貿易を行っていた。海外へ工場を移転したことによる，産業の空洞化が問題。
- 第３次産業…サービス業など。日本で最も従事者数が多い。三大都市圏や，観光業がさかんな北海道，沖縄県で従事者数の割合が高い。

▼日本の鉱産資源輸入相手国

			クウェート		カタール
石油	サウジアラビア 39.7%	アラブ首長国連邦 34.7	8.4	7.6	9.6

		インドネシア		その他	ロシア
石炭	オーストラリア 65.4%		12.4	10.8	11.4

	マレーシア		アメリカ合衆国	その他	ロシア
天然ガス	オーストラリア 35.8%	13.6	カタール 12.1	9.5 8.8	その他 20.2

(2021年) 　（「日本国勢図会2022/23年版」）

▼日本のおもな工業地帯・地域

北九州工業地域(地帯)
阪神工業地帯
瀬戸内工業地域
北関東工業地域
京葉工業地域
京浜工業地帯
東海工業地域
中京工業地帯

答え

1 (1) 那覇　(2) カルデラ
(3) 二毛作　(4) ウ　(5) エ
(6)① シラス　② エ
2 (1) 山陰　(2) ア　(3) イ
(4)① 瀬戸内
② 石油化学コンビナート
(5) 促成栽培　(6) 過疎（過疎化）

解説

1

(1) Xは沖縄県を示している。

(2) 阿蘇山では，世界最大級のカルデラが見られる。

(3) 筑紫平野では，冬でも温暖な気候をいかして二毛作が行われている。

(4) 火山が多い九州地方には，温泉地が多く，火山活動で生じる地熱をいかした発電が行われている。

(5) 熊本県水俣市では，1950～1960年代にかけて，工場排水で海が汚染されたことによって，水俣病とよばれる公害が発生した。

(6)① 九州南部に広がるシラス台地は，栄養分が少なく水はけがよいことから農業が難しかった。第二次世界大戦後，農業用水やダムが整備され，野菜や茶，さつまいもなどの栽培が行われ，畜産もさかんになった。

② 鹿児島県や宮崎県は，豚や鶏の飼育がさかんである。肉用牛や乳用牛は北海道，採卵鶏は茨城県が最も多い（2021年）。

2

(1) 中国地方のうち，中国山地より北を山陰，南を山陽という。

(2) 本州と四国は，児島・坂出ルート（瀬戸大橋），神戸・鳴門ルート（大鳴門橋，明石海峡大橋），尾道・今治ルート（瀬戸内しまなみ海道）で結ばれている。

(3) a（鳥取市）は日本海側の気候に属し，冬の降水量が多いのでイ。b（高松市）は瀬戸内の気候に属し，季節風の影響を受けにくく年降水量が少ないのでウ。c（高知市）は太平洋側の気候に属し，夏の降水量が多いのでア。

(4)① 瀬戸内工業地域は，塩田の跡地や遠浅の海を埋め立てて形成された。

② 石油化学コンビナートでは，タンカーで運ばれてきた石油の精製から加工までを行う。

(5) 高知県は冬でも温暖なことから，なすやピーマンの促成栽培がさかんである。

(6) 過疎地域では，人口流出を抑制するために，町おこしや村おこしが行われている。

1 九州地方は火山が多く，火山灰などへの対策がとられる一方で，温泉地があり，地熱発電が行われています。沖縄県では，さんご礁などをいかした観光業もさかんです。また，シラス台地では，さつまいもや茶などの生産や畜産がさかんです。自然環境に適応した人々の暮らしの特色をおさえておきましょう。

2 中国・四国地方は，本州四国連絡橋によって結ばれています。瀬戸内海沿岸には瀬戸内工業地域が広がり，養殖もさかんです。高知県では温暖な気候をいかして促成栽培が行われています。一方で，山間部や離島では過疎化が進んでいます。産業と過疎化に対する対策を確認しておきましょう。

📖 覚えておきたい知識

【九州地方】
・自然…阿蘇山にカルデラが見られる。桜島や霧島山などの活火山が多い。南西諸島にはさんご礁が広がる。台風が多く上陸する。
・火山…温泉地や地熱発電所が多い。
・農業…筑紫平野で二毛作，シラス台地で畜産や茶，さつまいもなどの栽培，宮崎平野で促成栽培がさかん。
・環境，工業…北九州工業地域（地帯）が広がる。北九州市や水俣市では過去に公害が発生したが，現在はエコタウンや環境モデル都市に選出されている。

【中国・四国地方】
・気候…瀬戸内地域は，中国山地・四国山地に季節風がさえぎられ，降水量が少ない。ため池などが整備されている。
・工業…瀬戸内工業地域が広がる。石油化学コンビナートが設置されている。
・農業…愛媛県でみかんの栽培，高知県でなすやピーマンの促成栽培がさかん。
・地域…山間部や離島で過疎化が進み，町おこし・村おこしが行われている。

▼九州地方のおもな地形

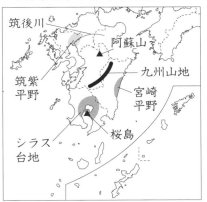

▼本州四国連絡橋

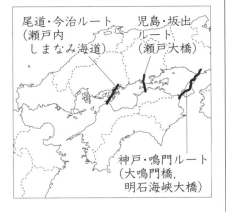

17

日本の諸地域②

本冊 P20, 21

答え

① (1)A 琵琶　B 紀伊
　(2)① ニュータウン　② ア
　(3) エ　(4) イ　(5) エ
② (1) 甲府　(2) 北陸
　(3) イ　(4) ウ
　(5)A イ　B エ　C ア　D ウ
　(6) ア

解説

①

(1) Aの琵琶湖は，日本で最も大きな湖で，近畿地方の水源となっている。Bの紀伊山地では，林業がさかんで，奈良県の吉野すぎや三重県の尾鷲ひのきなどが生産されている。

(2)① 開発から50年以上経つニュータウンでは，近年，建物の老朽化や少子高齢化が問題となっている。

② 東大阪市などには，優れた技術をもつ中小企業が多い。イは北九州工業地域（地帯），ウは中京工業地帯，エは瀬戸内工業地域。

(3) リアス海岸が続く志摩半島の英虞湾では，真珠の養殖がさかんである。

(4) かつて平安京が置かれていた京都市では，歴史的景観を守るために，条例で建物の高さやデザインなどを制限している。京都市では，清水寺や金閣など数多くの寺社が世界遺産に登録されている。

(5) Xの和歌山県では，みかんや梅などの生産がさかんである。

②

(1) Xは山梨県である。

(2) 中部地方は，北陸，中央高地，東海の3つの地域に区分される。

(3) 飛騨山脈，木曽山脈，赤石山脈は日本アルプスとよばれ，標高3000m前後の山々が連なっている。

(4) 愛知県や三重県に広がる中京工業地帯では，自動車の生産がさかんであり，工業出荷額の6割以上を機械が占めている。アは阪神工業地帯，イは京浜工業地帯，エは京葉工業地域。

(5) Aの福井県などの北陸では，冬は雪におおわれて農業ができないため，伝統産業や地場産業が発達した。Bの長野県の八ヶ岳や浅間山のふもとでは，高原野菜の栽培がさかんである。Cの静岡県は日本有数の茶の産地である。Dの愛知県の渥美半島では，夜間に照明を当てることで花の咲く時期を遅らせて，菊を出荷している。

(6) イは新潟県，ウは京都府，エは福井県の伝統的工芸品。

1 近畿地方は，大阪（京阪神）大都市圏が広がり，阪神工業地帯が発展しています
が，郊外のニュータウンでは少子高齢化が問題となっています。京都市や奈良市な
どでは，歴史的景観を守る取り組みが行われています。各都市がもつ課題をまとめ
ておきましょう。

2 中部地方は，日本海側に位置する北陸，日本アルプスが連なる中央高地，太平洋
側に位置する東海に分けられます。雪の多い北陸では，伝統産業や地場産業が発達
しています。夏でも涼しい中央高地では，高原野菜の栽培がさかんです。東海では
工業が発達しています。各地域の産業の特色がよく問われます。

📖 覚えておきたい知識

【近畿地方】

- 自然…日本最大の湖である琵琶湖があり，南部に紀伊山地が連なる。若狭湾や志摩半島でリアス海岸が見られる。
- 都市…大阪（京阪神）大都市圏が広がる。郊外のニュータウンで少子高齢化が問題。
- 産業…阪神工業地帯が発達し，中小企業が多い。英虞湾で真珠の養殖，紀伊山地で林業がさかん。
- 歴史…京都市や奈良市などでは，歴史的景観を守る取り組みを実施。

▼近畿地方のおもな地形

【中部地方】

- 地域区分…北陸，中央高地，東海。
- 北陸…冬は雪が多く，米の単作地域。伝統産業や地場産業が発達。
- 中央高地…日本アルプスが連なる。長野県で高原野菜の栽培，山梨県で果樹栽培がさかん。
- 東海…中京工業地帯や東海工業地域が発展。愛知県で電照菊の栽培，静岡県で茶の生産がさかん。

▼中部地方の県が収穫量上位の農産物

				長崎	
レタス	長野 32.3%	茨城 16.3	群馬 9.7	6.4	その他 35.3

もも	山梨 30.7%	福島 23.1	長野 10.4	山形 8.6	その他 27.2

			三重	宮崎 4.4	
茶	静岡 36.1%	鹿児島 34.2	7.3	その他 18.0	

（2020年）　　　　　　　　（「日本国勢図会2022/23年版」）

答え

1 (1) 栃木県　宇都宮　　茨城県　水戸
 (2) 関東ローム　　(3) 近郊農業
 (4)X　ア　Y　エ
 (5)A　ウ　B　ア　C　イ

2 (1) 根釧　　(2) 潮境（潮目）　　(3) やませ
 (4)①　アイヌ　　②　イ　　(5)　ウ
 (6) 仙台　　(7) B　　(8) C

解説

1

(1) 栃木県は宇都宮市，茨城県は水戸市が県庁所在地である。

(2) 日本最大の平野である関東平野には，火山灰が堆積してできた赤土（関東ローム）の地層が広がっている。

(3) 近郊農業は，大都市との距離が近いことから輸送費が安く，大都市の消費者向けに新鮮な農産物を出荷することができる。

(4) 夜間人口はその地域に住んでいる人口，昼間人口は通勤・通学などでその地域へ移動してきた人をふくみ，ほかの地域へ移動した人を除いた人口のことである。Bの東京都には郊外から通勤・通学してくる人が多いことから，夜間人口よりも昼間人口のほうが多い。

(5) Aの群馬県は北関東工業地域に位置し，自動車の組み立てがさかんである。Bの東京都には多くの情報が集まることから，印刷業がさかんである。Cの千葉県は京葉工業地域が広がり，石油化学コンビナートが立ち並んでいる。

2

(1) 根釧台地では酪農がさかんである。

(2) 三陸海岸沖では，暖流の黒潮（日本海流）と寒流の親潮（千島海流）がぶつかる潮境（潮目）があり，好漁場となっている。

(3) やませが吹くと，日照不足となって気温が上がりにくくなるため，冷害が発生することがある。

(4)① アイヌの人々の独自の文化を守るための取り組みが行われている。

② 同じ耕地で異なる作物を順番につくることを輪作という。農業に適した土を運び入れる客土によって土地改良が行われたのは，石狩平野である。

(5) Aの青森県では，夏にねぶた祭が開催される。アはDの宮城県，イは秋田県，エはCの山形県の夏祭り。

(6) 宮城県の県庁所在地は仙台市である。

(7) 南部鉄器は，Bの岩手県で生産される伝統的工芸品である。

(8) さくらんぼの収穫量1位の県は，Cの山形県である。

1 関東地方には，東京大都市圏が形成されており，首都である東京には国の政治の中枢機能や企業，学校が集中し，郊外から通勤・通学する人が多いです。一方で，過密による都市問題が課題となっています。また，周辺の県では，大都市に向けた近郊農業が営まれています。

2 東北地方では，さまざまな伝統行事が根付いており，冬の間の副業として伝統的工芸品の生産が発達しました。また，米の生産や果樹栽培がさかんです。北海道地方は，広大な土地をいかした農業が行われており，豊かな自然環境をいかしたエコツーリズムの取り組みも進められています。各地域の自然環境と合わせて覚えましょう。

📖 覚えておきたい知識

【関東地方】

- 自然…関東平野に利根川が流れる。都市部でヒートアイランド現象が発生。
- 人口…東京大都市圏を形成。企業や学校が集中する東京は，夜間人口よりも昼間人口が多い。
- 工業…臨海部に京浜工業地帯と京葉工業地域が形成。交通網の発達により，内陸部に北関東工業地域が形成。
- 農業…郊外で近郊農業がさかん。

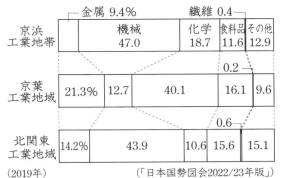

▼関東地方の工業地帯・地域の工業出荷額割合

	金属	機械	化学	食料品	繊維	その他
京浜工業地帯	9.4%	47.0	18.7	11.6	0.4	12.9
京葉工業地域	21.3%	12.7	40.1	16.1	0.2	9.6
北関東工業地域	14.2%	43.9	10.6	15.6	0.6	15.1

(2019年)　　　　　（「日本国勢図会2022/23年版」）

【東北地方】

- 自然…三陸海岸はリアス海岸。夏に太平洋側にやませが吹く。
- 伝統行事…青森ねぶた祭，秋田竿燈まつり，仙台七夕まつりなど。
- 産業…稲作がさかん。伝統的工芸品が発達。

【北海道地方】

- 自然…オホーツク海沿岸で流氷が見られる。知床は世界遺産。
- 農業…石狩平野は客土による土地改良を実施。十勝平野で輪作が行われ，根釧台地で酪農がさかん。
- 環境保全…エコツーリズムを進めている。

▼北海道・東北地方のおもな地形

石狩平野　根釧台地　十勝平野　日高山脈　最上川　三陸海岸　奥羽山脈

1 (1) ア　(2) ウ　(3) 始皇帝
　(4) 漢　(5) ポリス　(6) イエス　(7) イスラム教
2 (1) 打製石器　(2) イ　(3) 弥生
　(4)① 邪馬台国　② 卑弥呼
　(5)① 大和政権（ヤマト王権）　② 渡来人

解説

1

(1) ピラミッドがつくられた古代文明はエジプト文明で，ナイル川流域でおこった。イはチグリス川・ユーフラテス川でメソポタミア文明，ウはインダス川でインダス文明，エは黄河で中国文明がそれぞれおこっている。

(2) 象形文字はエジプト文明，くさび形文字はメソポタミア文明の地域で発明された。

(3) 厳しい政治だったため，始皇帝の死後すぐに秦は滅んだ。

(4) 漢は，シルクロード（絹の道）を通って，西のローマ帝国と交易を行った。

(5) Bの地域ではポリスがつくられた。そのうちの1つであるアテネでは，成年男子からなる市民全員による民主政が行われた。

(6) キリスト教は，最初迫害されたが，4世紀末にローマ帝国の国教となり，ヨーロッパで広く信仰されるようになった。

(7) イスラム教の聖地はメッカである。

2

(1) 人々は，打製石器で，ナウマンゾウなどの大型動物を協力して仕留めた。

(2) アは弥生時代の祭りのための青銅器，ウは弥生時代に奴国王が漢（後漢）に使いを送った際に皇帝から授けられたもの，エは古墳時代に古墳の周りに置かれたもの。

(3) 弥生時代は，紀元前4〜3世紀から紀元後3世紀まで，600〜700年続いた。

(4)① 邪馬台国は30余りの国を従え，身分の違いがあった。邪馬台国があった場所は，近畿説と九州説があり，いまだはっきりしていない。

　② 卑弥呼は239年，魏に使いを送り，「親魏倭王」の称号と金印や銅鏡を授けられた。

(5)① 大和政権（ヤマト王権）は，大王を中心に，近畿地方の豪族が連合した勢力のことをいう。

　② 渡来人は，漢字や儒学，仏教などを伝え，その後の日本文化に影響をあたえた。

1 古代文明がおこった場所とその内容はセットで覚えるとよいでしょう。また，中国文明がどのように発展していったか，古代ギリシャ・ローマの文明のようす，仏教・キリスト教・イスラム教の三大宗教を始めた人物やその内容を確認しておきましょう。

2 日本の旧石器時代，縄文時代，弥生時代，古墳時代では，それぞれの社会の内容や使用した道具，大陸との交流などについてよく問われます。どの時代に何が使われ，何が起こったかを整理しておきましょう。

📖 覚えておきたい知識

【世界の古代文明と三大宗教】

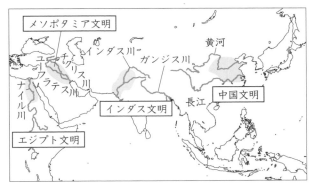

- エジプト文明では象形文字，メソポタミア文明ではくさび形文字，インダス文明ではインダス文字，中国文明の殷では甲骨文字が発明された。
- その後，秦や漢が中国を統一，シルクロードで東西の交流が行われた。
- ギリシャでは，アテネやスパルタなどの都市国家（ポリス）が発達した。
- イタリア半島のローマは，ローマ帝国に発展した。
- シャカが始めた仏教，イエスが始めたキリスト教，ムハンマドが始めたイスラム教は世界中に広まり，三大宗教とよばれる。

【古代の日本】

時代	旧石器時代	縄文時代	弥生時代	古墳時代
おもなできごと	・打製石器を使用 ・狩りや採集で生活する	・縄文土器を使用 ・たて穴住居に住み始める ・狩りや漁，採集を行い，貝塚ができる	・弥生土器を使用 ・稲作と金属器の使用が始まる ・貧富の差ができ，国が成立	・全国各地で古墳がつくられる ・大王と豪族からなる大和政権（ヤマト王権）が成立

答え

1 (1)① 冠位十二階　② 十七条の憲法　(2) 法隆寺
(3) エ　(4) 大化の改新　(5) 公地・公民　(6) エ　(7) ウ

2 (1) 大宝律令　(2) ウ　(3) 平城京　(4) 墾田永年私財法
(5) 天平文化　(6) イ　(7) エ　(8) 仮名（かな）
(9) 摂関政治

解説

1

(1) 聖徳太子（厩戸皇子）はさまざまな制度をつくり，大王（天皇）を中心とする政治のしくみをつくろうとした。

(3) 隋は6世紀末〜7世紀初めの王朝。アは紀元前3世紀末〜紀元3世紀前半，イは7世紀前半〜10世紀初め，ウは紀元前3世紀後半の王朝。

(4) 大化の改新は，聖徳太子の死後に勢力をふるうようになった蘇我氏を，中大兄皇子（後の天智天皇）が中臣鎌足とともに倒し，天皇中心の政治をめざした動き。

(5) 従来，皇族や豪族がそれぞれ土地と人民を支配していたが，天皇中心の体制をつくるためには，全国の土地と人民を，国の直接の支配下に置く必要があった。

(6) 朝鮮半島では新羅による統一が進む中，中大兄皇子らは百済復興のために大軍を送ったが，唐・新羅の連合軍に大敗し，以後，国内改革に専念した。中大兄皇子は即位して天智天皇となった。

(7) 壬申の乱は，天智天皇の死後に起こった，子の大友皇子と弟の大海人皇子によるあとつぎをめぐる争い。

2

(1) 律は刑罰のきまり，令は政治のきまりのこと。

(2) 大宰府は，九州全体の政治や外交・防衛を担当した。

(3) 平城京は，唐の長安にならってつくられた。

(4) 墾田永年私財法は，新しく開墾した土地の永久私有を認めた法律で，この私有地は後に荘園となった。

(5) 天平文化が栄えたころにつくられた東大寺の正倉院には，西アジアやインドから唐にもたらされ，それを遣唐使が持ち帰ったとされる物が多くある。

(6) 蝦夷は，朝廷の支配に従わなかった人々のこと。アは894年に遣唐使の停止を訴えた人物。ウは645年に大化の改新を始めた中心人物。エは平安時代に「古今和歌集」をまとめた人物。

(7) 鑑真と行基は奈良時代の僧。空海は真言宗を開いた。

(9) 摂関政治は，11世紀前半の藤原道長とその子頼通のころに最も安定していた。

1 聖徳太子（厩戸皇子）の政治，大化の改新は，どちらも天皇中心の集権体制をめざしています。その内容，過程などをまとめておきましょう。

2 大宝律令による律令体制が，墾田永年私財法によって崩れていくまでの過程を理解しましょう。また，奈良時代の聖武天皇のころの仏教の力によって国を守る政治，平安時代の藤原氏による摂関政治についておさえておきましょう。

📓 覚えておきたい知識

【飛鳥時代】
・聖徳太子の政治…冠位十二階の制度，十七条の憲法，遣隋使の派遣，法隆寺の建立。
・大化の改新…中大兄皇子・中臣鎌足らは蘇我氏を討ち，天皇中心の政治をめざした。
・白村江の戦い…唐・新羅連合軍に大敗し，以後，国内改革に専念。
・壬申の乱…天智天皇の死後のあとつぎをめぐる争い。子の大友皇子と弟の大海人皇子が戦い，勝利した大海人皇子が即位して天武天皇となった。

【奈良時代】
・大宝律令により律令国家のしくみが整った。九州に置かれた大宰府は，外交や国防を担当。班田収授法により6歳以上の人々に口分田を支給した。
・聖武天皇の政治…仏教の力によって国を守ろうと，国ごとに国分寺・国分尼寺を，奈良の都（平城京）に東大寺を建てさせた。
・墾田永年私財法…開墾した土地の永久私有を認めた。
　→荘園の始まり。律令体制が崩れた。
・天平文化…聖武天皇のころに栄えた，唐の影響を受けた国際色豊かな仏教文化。

▼人々のおもな負担

租	収穫量の約3%の稲を納める
調	布または特産物を納める
庸	布を納める（労役10日のかわり）
雑徭	地方での労役（年間60日まで）

【平安時代】
・桓武天皇の政治…平安京へ都を移す。坂上田村麻呂を征夷大将軍に任命して東北を支配。
・仏教…最澄と空海が唐に渡り，帰国後，それぞれ天台宗，真言宗を開いた。
・摂関政治…藤原氏が，娘を天皇のきさきにし，生まれた子を次の天皇にして勢力をのばした。天皇が幼いときは摂政，成人後は関白として政治の実権をにぎった。
・国風文化…遣唐使停止のころから生まれた，日本の風土や生活に合った文化。仮名文字の発明により，「源氏物語」「枕草子」などの文学作品が生まれた。

答え

1 (1) イ　(2)A　白河　　B　院政　(3) エ　(4) 宋　(5) ア

2 (1) ウ　(2) 源頼朝　(3)① エ　　② ウ　(4) ア
　　(5) 御成敗式目（貞永式目）　(6) 元　(7) イ
　　(8) ア

解説

1

(1) 平将門の乱は，地方の武士の力をかりてしずめることができたため，朝廷に対して武士の力を示すきっかけとなった。

(2) 院政は，天皇をやめた上皇が政治を動かすことで，藤原氏が摂政や関白となって政治を行う摂関政治とは異なる。

(3) アの保元の乱は，上皇と天皇の対立によって1156年に起きた。イの壬申の乱は，飛鳥時代の672年に起きた。ウの後三年合戦は，1083年から1087年に東北地方で起きた。

(4) 平清盛は，日宋貿易による利益に着目し，航路や港を整備した。

(5) 奥州藤原氏は，11世紀後半に東北地方を支配し，平泉を拠点に栄えた。奥州藤原氏によってつくられた中尊寺金色堂は，浄土信仰の広がりとともに各地につくられた阿弥陀堂の1つである。

2

(1) アは政所，イは国ごとに置かれた守護，エは問注所の仕事の内容。

(2) 源頼朝は，本格的な武士の政権である鎌倉幕府を開いた。

(3) 将軍と御家人は，御恩と奉公の関係で結ばれていた。

(4) 承久の乱は，後鳥羽上皇が朝廷の勢力を回復しようとして起こした戦い。上皇側が敗れたあと，朝廷の監視などを目的に京都に六波羅探題が置かれた。また，上皇側に味方した貴族や武士の領地の地頭に東日本の御家人を送り込むなど，鎌倉幕府の力が全国に及ぶようになった。

(5) 御成敗式目（貞永式目）は，3代執権の北条泰時が制定した。

(6) この二度にわたる戦いを元寇という。元のフビライ・ハンが日本を従えようと使者を送ってきたが，当時の執権の北条時宗がその要求を拒否したため，攻めてきた。

(7) ア，ウは「新古今和歌集」に歌がおさめられている人物。エは浄土真宗を開いた人物。

(8) 禅宗には，栄西の臨済宗，道元の曹洞宗などがある。

1 11世紀後半になると，政治の中心が摂関政治から上皇による院政に移っていきました。その中で，地方の武士団が力をもつようになりました。平清盛による初めての武士による政権のようす，平氏滅亡に至る過程は特に頻出です。日宋貿易のようすもおさえておきましょう。

2 鎌倉幕府は，初めての本格的な武家政権でした。そのしくみを確認しておきましょう。また，承久の乱をきっかけに，幕府の力が全国に及ぶようになったことも理解しましょう。武家最初の法律である御成敗式目（貞永式目）は重要です。新しい仏教とそれを開いた人物については，両方合わせて覚えておきましょう。

覚えておきたい知識

【武士のおこりと院政】
・地方武士の反乱…平将門の乱，藤原純友の乱は，武士の力をかりて鎮圧された。戦乱をしずめたことで，源氏は東日本に，平氏は西日本に勢力を広げた。
・院政…上皇が行う政治で，白河上皇が始めた。
・平氏政権…平清盛による初めての武士による政権であった。しかし，平氏が政治の実権を独占したため，貴族や地方武士などの反感を買い，平氏は壇ノ浦で滅亡した。平清盛は，兵庫の港を整備して日宋貿易を行った。

【鎌倉幕府の成立と社会】
・鎌倉幕府…源頼朝が開いた本格的な武家政権。将軍と御家人は，御恩と奉公による主従関係で結ばれた。源頼朝の死後，北条氏による執権政治が行われた。
・承久の乱…朝廷の勢力を回復しようと，後鳥羽上皇が起こした反乱。乱後，京都に六波羅探題を設置，幕府の力が全国に及んだ。
・御成敗式目（貞永式目）…裁判の判断基準となる法。
・鎌倉文化…宋の文化や武士の好みを反映した力強い文化。東大寺南大門，金剛力士像，「平家物語」。
・鎌倉仏教…浄土宗（法然），浄土真宗（親鸞），時宗（一遍），日蓮宗（日蓮），禅宗（栄西，道元）。
・元寇…元軍の二度にわたる日本への襲来。

▼鎌倉幕府のしくみ

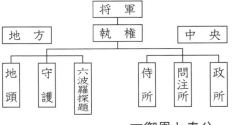

▼御恩と奉公

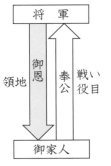

答え

1 (1) ア　　(2) 足利尊氏　　(3) ウ
　　(4)① 明　　② ウ　　(5) 琉球王国　　(6) ア

2 (1)A 惣（惣村）　　B 座　　(2) 土一揆　　(3) イ

3 (1) イ　　(2) 足利義政　　(3) エ　　(4) 書院造

解説

1

(1) 後醍醐天皇の行った建武の新政は，公家中心の政治だったため，武士の不満が高まり，わずか2年ほどで失敗した。

(2) 建武の新政のあと，足利尊氏が京都に新しく立てた天皇の北朝と，奈良の吉野に逃れた後醍醐天皇の南朝の，2つの朝廷に分かれて戦う南北朝時代が約60年続いた。足利尊氏は，北朝の天皇から征夷大将軍に任命され，京都に室町幕府を開いた。

(3) 南北朝が統一された同時期に，朝鮮半島では，李成桂が高麗を滅ぼして朝鮮国を建てた。

(4) 当時，大陸沿岸をあらす倭寇が現れるようになっており，明は室町幕府に倭寇の取り締まりを求めた。幕府の3代将軍であった足利義満は，明の要求に応じて倭寇を禁じるとともに，明と朝貢形式の貿易を始めた。この貿易は，倭寇と正式な貿易船を区別するため勘合が用いられたことから，勘合貿易ともよばれる。

(5) 尚氏が建国した琉球王国は，中継貿易で栄えた。

(6) 応仁の乱後，幕府の権威は失墜し，下の身分の者が上の身分の者を倒す下剋上の風潮が広まった。

2

(1)A 惣（惣村）は，寄合を開いて，村独自のきまりを定めていた。
　B 座は商工業者の同業者組合で，貴族や寺社の保護を受けて営業を独占した。

(2) 土一揆は，荘園領主や守護大名などに対し，農民らが武器を手に集団で行った暴動で，年貢の軽減や借金の帳消しなどを要求した。

(3) 京都では，町衆とよばれる裕福な商工業者が自治を行っていた。

3

(1) Aは足利義満が建てた金閣である。京都の北山に建てられたことから，このころの文化を北山文化という。

(2) Bは足利義政が建てた銀閣である。京都の東山に建てられたことから，このころの文化を東山文化という。

(3) 雪舟は，日本的な水墨画を大成させた。アの親鸞は浄土真宗，イの日蓮は日蓮宗，ウの一遍は時宗を，それぞれ鎌倉時代に開いた人物。

(4) 書院造は，寺から武士の住居に広がった住宅様式。現代の和風住宅のもとになった。

1 室町幕府の成立から衰退までの流れを整理しておきましょう。また，室町時代の
対外関係については，明との勘合貿易を中心に，琉球王国や蝦夷地でのできごとに
ついても頭に入れておくと，なおよいでしょう。

2 室町時代は民衆が力をつけ，各地で自治を行っていました。農民が団結すること
により，各地で起こった一揆の内容をおさえておきましょう。また，室町時代には
商工業も発展しました。馬借や土倉，酒屋などの商工業者について確認しておきま
しょう。

3 室町時代は，足利義満が建てた金閣を代表とする北山文化，足利義政が建てた銀
閣を代表とする東山文化が栄えました。ほかにも，水墨画や能・狂言など，さまざ
まな新しい文化が生まれた時代でもあります。

覚えておきたい知識

【南北朝の動乱と室町幕府の成立】
- 建武の新政…後醍醐天皇の行った政治。公家中心の政治だったため，武士の不
満が高まり，2年ほどで失敗。
- 南北朝時代…後醍醐天皇が吉野に逃れたことで，北朝と南朝の2つの朝廷が対
立。足利義満が統一するまで約60年間争いが続いた。
- 室町幕府…足利尊氏が征夷大将軍に任命されて室町幕府を開いた。

【東アジアとの関係】
- 明…足利義満が勘合貿易（日明貿易）を開始。倭寇と区別するため，勘合が用
いられた。
- 朝鮮国…14世紀に李成桂が高麗を滅ぼして建国。
- 琉球王国…尚氏が沖縄を統一して建国。中継貿易で栄えた。

【産業の発達と民衆の成長】
- 村の自治…惣（惣村）がつくられ，団結を固めた農民らが荘園領主や守護大名
などに抵抗。年貢の軽減や借金の帳消しを求める土一揆を起こした。
- 商業…物資を運ぶ馬借，金融業者の土倉・酒屋。同業者組合の座が営業を独占。

【応仁の乱から戦国時代へ】
- 応仁の乱…足利義政のあとつぎをめぐる争い。その後，下剋上の風潮が広がり，
各地に戦国大名が現れた。

【室町文化】
- 北山文化…足利義満のころに栄えた文化。金閣，観阿弥・世阿弥父子の能（能楽）。
- 東山文化…足利義政のころに栄えた文化。銀閣，書院造，雪舟の水墨画。

15 近世の日本と世界①

答え

1 (1) ルネサンス　(2)① イ　② ア　③ ウ
(3) プロテスタント　(4) イ　(5) ザビエル（フランシスコ・ザビエル）
(6) イ, ウ

2 (1)① 安土城　② イ　③ ウ
(2) エ　(3) 刀狩　(4) イ

解説

1

(1) ルネサンスは，西アジアとの貿易で栄えたイタリアから始まり，西ヨーロッパ各地に広がった。

(2)① マゼランはスペインの援助を受けて，1522年に初めて世界一周を成し遂げた船隊の隊長であった人物。マゼラン自身は，航海の途中に亡くなった。

② コロンブスはスペインの援助を受けて，1492年に西インド諸島に到達した。

③ バスコ・ダ・ガマはポルトガルの援助を受けて，1498年にアフリカ南端を回り，インドに到達した。

(3) 宗教改革により，プロテスタントとカトリックの2つの宗派が生まれた。

(4) 鉄砲は，1543年にポルトガル人を乗せた中国船が種子島に漂着したことで日本に伝わった。

(5) イエズス会の宣教師ザビエルは，1549年に鹿児島へ来航し，西日本を中心に布教活動を行った。

(6) 当時，スペイン人やポルトガル人は南蛮人とよばれていたことから，彼らとの貿易を南蛮貿易という。

2

(1)① 織田信長は琵琶湖のほとりに，巨大な天守をもつ安土城を築き，天下統一の拠点とした。

② 安土城下では，商業を活発にするため，市での税を免除し，座を廃止するなど，楽市・楽座の政策を行った。

③ アは織田信長が今川義元を破った戦い，イは足利義政のあとつぎをめぐって起きた争い。エは鎌倉時代に後鳥羽上皇が起こした戦い。

(2) 豊臣秀吉は1590年に全国統一を成し遂げたあと，明の征服をめざして二度にわたって朝鮮へ大軍を送った。アは足利義満，イ，ウは織田信長についてである。

(3) 刀狩令は，百姓の一揆を防止し，耕作に専念させるために出された。この法令を出すとともに，全国の土地のよしあしを調べて収穫量を石高で表す太閤検地を行ったことで，武士と農民の区分が明確になる兵農分離が進んだ。

(4) 織田信長や豊臣秀吉が活躍したころ，桃山文化が栄えた。アは室町時代の東山文化，ウは鎌倉文化，エは平安時代の国風文化についてである。

1 近世のヨーロッパでは，ルネサンスや宗教改革が起こりました。これらが起こった背景と，その後の日本にあたえた影響をおさえておきましょう。また，大航海時代にはヨーロッパからアジア，アメリカ大陸への航路が開かれました。航路を開拓した人物をまとめておきましょう。

2 戦国時代，織田信長や豊臣秀吉が全国統一をめざす中で，さまざまな政策を行いました。それぞれの人物が起こした戦いや行った政策は，入試でも非常によく問われる重要事項です。また，このころに栄えた桃山文化の特徴と活躍した人物を確認しておきましょう。

覚えておきたい知識

【ルネサンスと宗教改革】
・十字軍…キリスト教の聖地エルサレム奪回のための遠征軍。
・ルネサンス…古代ギリシャやローマの文化を再び取り入れる学問・芸術の動き。
・宗教改革…ルターやカルバンらが腐敗したカトリック教会を批判。改革派のキリスト教徒はプロテスタントとよばれた。カトリック内部でも，イエズス会を中心に勢力回復を図った。
・大航海時代…コロンブスは西インド諸島へ到達。バスコ・ダ・ガマはインドに至る航路を開拓。マゼラン船隊は世界一周に成功。

【ヨーロッパ人との出会い】
・鉄砲伝来…1543 年，ポルトガル人が種子島に漂着。
・キリスト教伝来…1549 年，イエズス会のザビエルが鹿児島に上陸。

【織田信長の統一事業】
・室町幕府を滅亡させた。
・比叡山延暦寺を焼き討ちし，キリスト教を容認した。
・楽市・楽座…安土城下で商工業の発展をめざした。

【豊臣秀吉の統一事業】
・太閤検地…全国の田畑を調査し，検地帳に登録。
・刀狩…百姓から武器を取り上げることで，兵農分離が進んだ。
・バテレン追放令…キリスト教宣教師を国外追放。
・朝鮮出兵…明の征服をめざし，朝鮮に大軍を派遣（文禄の役・慶長の役）。

【桃山文化】
・狩野永徳の屏風絵，千利休が完成させたわび茶，出雲阿国のかぶきおどり。

答え

1 (1)　徳川家康　　(2)　イ　　(3)　外様大名

(4)①　武家諸法度　　②　徳川家光　　(5)　五人組　　(6)　イ

2 (1)①　エ　　②　日本町　　(2)　b　　(3)　ア

(4)①　ア　　②　ウ

解説

1

(1)　全国統一を成し遂げた豊臣秀吉の死後，三河の戦国大名であった徳川家康は関ヶ原の戦いで石田三成を破り，全国支配の実権をにぎった。徳川家康は1603年に征夷大将軍に任命され，江戸に幕府を開いた。

(2)　老中は江戸幕府に常設された最高職で，譜代大名の中から任命された。アの執権は鎌倉幕府の役職，ウの管領は室町幕府の役職，エの太政大臣は朝廷の役職。

(3)　江戸幕府は，大名を親藩，譜代大名，外様大名に分けて統制した。外様大名は，江戸から遠い地域に配置された。

(4)①　武家諸法度は，1615年に2代将軍徳川秀忠の名で初めて出された。

②　3代将軍徳川家光は，武家諸法度に参勤交代の制度を追加し，大名に一年おきに江戸と領地を往復することを義務付けた。これにより，各藩の財政は苦しくなり，大名の経済力が弱められた。

(5)　五人組の制度によって，農民同士を監視させた。

(6)　アは室町時代のころ，ウは奈良時代のころ，エは鎌倉時代のころの農村のようす。

2

(1)①　江戸時代初期に，朱印状があたえられた船によって東南アジアで行われた貿易を朱印船貿易という。アは日明貿易，イ，ウは日宋貿易の説明。

②　朱印船貿易がさかんになると，東南アジア各地に多くの日本人が移り住み，日本町がつくられた。

(2)　江戸幕府は，キリスト教徒の増加による反乱を恐れて，全国的にキリスト教を禁止した。また，キリスト教を布教するスペインやポルトガルとの貿易を禁止し，鎖国政策を進めた。この中で，1635年には日本人の海外渡航と帰国が禁止された。

(3)　幕府がキリスト教徒を見つけ出すために用いた踏絵である。長崎では，役人の前でキリストやマリアの像をふむ絵踏が毎年行われていた。

(4)①　アイヌ民族は蝦夷地に住む先住民で，独自の文化をもつ。蝦夷地の南部を支配していた松前藩は，アイヌ民族との交易を独占し，利益を得ていた。

②　江戸幕府は，キリスト教の布教を行わないオランダと中国のみ貿易を許可した。出島にはオランダ商館が置かれた。

1 関ヶ原の戦いのあと, 徳川家康が江戸幕府を開き, 全国を支配するしくみを整えました。大名の配置における工夫や武家諸法度の内容はよく問われます。また, 江戸幕府は農民に対して, 五人組を結成させました。その目的や農村での支配のしくみを調べておきましょう。

2 江戸幕府は鎖国政策を行い, 禁教を命じるとともに, 貿易を統制し, 外交を独占しました。鎖国が完成するまでの流れを時系列でおさえておくことが大切です。また, 鎖国下においても外国との交流を行っていた4つの窓口についても, 合わせて覚えておきましょう。

📖 覚えておきたい知識

【江戸幕府の成立】
・徳川家康が関ヶ原の戦いに勝利し, 江戸に幕府を開いた。
・大名…親藩, 譜代大名, 外様大名に区分。外様大名は, 江戸から遠い地域に配置。
・武家諸法度…大名統制のための法令。徳川家光が参勤交代の制度を追加。
・農民統制…五人組によって, 年貢納入や犯罪防止の連帯責任を負わせた。

【貿易統制から鎖国へ】
・朱印船貿易…朱印状をもった貿易船が東南アジアと貿易。日本町が形成。

▼鎖国までの歩み

年代	で き ご と
江戸時代初め	朱印船貿易が行われる
	→東南アジアに日本町が形成
1613	全国に禁教令が出される
1624	スペイン船の来航を禁止する
1635	日本人の海外渡航と帰国を禁止
	→朱印船貿易が終了
1637	島原・天草一揆が起こる
1639	ポルトガル船の来航を禁止
1641	オランダ商館を長崎の出島に移す
	→鎖国の完成

▼鎖国下の対外交流の4つの窓口

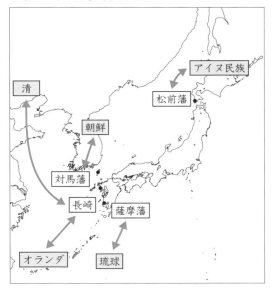

答え

1 (1)X 蔵屋敷　Y 株仲間　(2) 千歯こき　(3) ウ
(4)A エ　B イ　(5) 工場制手工業（マニュファクチュア）
(6) 打ちこわし

2 (1)A ウ　C イ　(2) ウ　(3) 享保の改革
(4) 解体新書　(5) ア　(6)① 水野忠邦　② 異国船打払令

解説

1

(1)X　大阪に置かれた蔵屋敷では，諸藩の年貢米や特産物が運び込まれ，売買された。

Y　株仲間は，幕府や藩に税を納めるかわりに営業を独占する特権を認められたため，大きな利益を得ていた。

(2)　江戸時代には，備中ぐわや唐箕なども開発された。

(3)　武家屋敷が多く集まっていた江戸は「将軍のおひざもと」，商業の中心地であった大阪は「天下の台所」とよばれた。

(4)　五街道は，江戸と京都を太平洋沿岸で結ぶ東海道，江戸と京都を内陸で結ぶ中山道，江戸と日光を結ぶ日光道中，江戸と白河を結ぶ奥州道中，江戸と下諏訪を結ぶ甲州道中の5つ。

(5)　18世紀ごろには問屋制家内工業，19世紀になると工場制手工業（マニュファクチュア）が見られるようになった。

(6)　農民の間で貧富の差が拡大し，農民は百姓一揆で役人に抵抗した。都市でも町人による打ちこわしが多発した。

2

(1)　Aは17世紀後半に政治改革を行った5代将軍徳川綱吉，Bは18世紀前半に享保の改革を行った8代将軍徳川吉宗，Cは18世紀後半に政治改革を行った田沼意次，Dは19世紀中ごろに天保の改革を行った水野忠邦についてである。松平定信は，田沼意次のあとに寛政の改革を行った人物である。

(2)　アは桃山文化，イは化政文化，エは室町文化の特色である。

(3)　徳川吉宗は幕府の財政を立て直すため，倹約令を出すなどの改革を行った。

(4)　杉田玄白・前野良沢らが出版した「解体新書」は，蘭学の基礎を築いた。

(5)　イは「東海道中膝栗毛」を著した人物，ウは俳諧（俳句）で活躍した人物，エは元禄文化のころに浮世草子を著した人物。

(6)①　老中の水野忠邦は，1841年に天保の改革を始めた。

②　18世紀末以降，日本近海に外国船が現れるようになったため，1825年に異国船打払令が出された。

1 江戸時代，新田開発や農具の開発によって，農業生産が高まりました。また，五街道が整備され，三都を中心に都市が発達しました。農業の発展のようすやしくみ，五街道や三都の位置と名称を確認しておきましょう。

2 江戸時代，さまざまな人物が政治改革を行いました。特に，享保の改革，寛政の改革，天保の改革の三大改革は，内容とともにおさえておきましょう。また，江戸時代に栄えた元禄文化と化政文化の特徴と，活躍した人物をまとめておきましょう。

覚えておきたい知識

【産業の発達】
・農業…新田開発，新しい農具（千歯こき，備中ぐわ），肥料（干鰯），商品作物の栽培。
・三都…江戸・大阪・京都。
・交通網の整備…五街道，西廻り航路・東廻り航路。

【社会の変化】
・農村にも貨幣経済が浸透し，小作人と地主による貧富の差が拡大。ききんの際には百姓一揆や打ちこわしが発生した。
・産業の発達につれ，問屋制家内工業から工場制手工業（マニュファクチュア）へ変化。

人物	改革の名前	内容
徳川綱吉		貨幣の質を落として量を増やす。生類憐みの令。
徳川吉宗	享保の改革	新田開発，上げ米の制，公事方御定書制定，目安箱設置。
田沼意次		商工業を促進。株仲間の奨励，長崎貿易の活発化。
松平定信	寛政の改革	都市に出稼ぎに来ていた者を村に返す。 ききんに備えて米を備蓄。旗本や御家人の借金の帳消し。
水野忠邦	天保の改革	株仲間の解散，江戸に出ていた農民を強制的に村に返す。

【学問の発達】
・国学…本居宣長が「古事記伝」を著し，国学を大成。
・蘭学…杉田玄白らが「解体新書」を出版。伊能忠敬が日本地図を作成。

【文化と教育の普及】
・元禄文化…大阪・京都中心。井原西鶴の浮世草子，近松門左衛門の人形浄瑠璃，菱川師宣の浮世絵。
・化政文化…江戸中心。葛飾北斎・歌川広重の浮世絵，十返舎一九の「東海道中膝栗毛」。

答え

1 (1) エ　(2)① 人権宣言　② ナポレオン
(3) 産業革命　(4) ウ　(5) イ

2 (1) ペリー　(2) ア, ウ　(3) エ
(4) 尊王攘夷運動　(5) ウ　(6) イ→ウ→ア
(7) 大政奉還　(8) ウ

解説

1

(1) イギリスでは国王が専制政治を行ったため, 名誉革命が起こり, 議会を尊重する王が新たに選ばれた。

(2)① 人権宣言の内容は, 多くの近代国家の憲法に受け継がれた。

② ナポレオンは, 各国を戦争で破り, ヨーロッパの大部分を支配した。

(3) 蒸気機関で動く機械が使われるようになったことで, 綿織物などの工業製品が工場で安く大量に生産されるようになった。イギリスで始まった産業革命は, その後世界に広がった。

(4) 19世紀になると, イギリス, インド, 清の間で三角貿易が行われた。イギリスは綿織物をインドへ輸出し, インドは清へアヘンを輸出した。清がアヘンを厳しく取り締まったことをきっかけに, 1840年にアヘン戦争が始まった。

(5) アはドイツの鉄血宰相とよばれた人物, ウは資本主義に対抗して社会主義の考えを唱えた人物, エはアメリカ合衆国の初代大統領である。

2

(1) 1853年, ペリーが, 日本に開国を求める国書をもって浦賀に来航した。

(2) 日米和親条約では, 下田・函館の2港が開港した。イの新潟, エの神戸, オの長崎は, 日米修好通商条約で開港した。

(3) 日米修好通商条約が結ばれ, 外国との貿易が始まると, 外国から安い綿織物や毛織物が輸入された。これにより, 国内の産地は打撃を受けた。また, 物価が急速に上昇し, 国内で品不足や買い占めが起こったこともあり, 人々の生活は苦しくなった。アはアメリカではなくイギリスなので誤り。イは長崎ではなく横浜なので誤り。ウは物価が上がったので誤り。

(4) 天皇を尊ぶ尊王論と, 外国勢力を排除する攘夷論が結び付いて起こった。

(5) 大老の井伊直弼は, 安政の大獄を行い, 幕府を批判する者を処罰したが, 反発した浪士らに暗殺された。

(6) アは1866年, イは1863年, ウは1864年のできごと。

(7) 15代将軍徳川慶喜が行った。

(8) 戊辰戦争は, 函館の五稜郭で旧幕府軍が降伏して終結した。

1 近代の欧米では，17世紀以降，国王による政治に抵抗する革命が相次ぎました。アメリカ独立戦争では「独立宣言」，フランス革命では「人権宣言」が出され，平等が訴えられました。また，産業革命によって，経済や社会のしくみが変わるきっかけが生まれたのもこの時代です。

2 江戸時代末期，ペリーが来航してから日米和親条約，日米修好通商条約が結ばれました。2つの条約や開港地などはよく問われます。また，江戸幕府が滅亡するまでの流れを，時系列で整理しておきましょう。

📖 **覚えておきたい知識**

【近代の欧米諸国】
・イギリス…国王の専制に対するピューリタン革命が起こった。名誉革命で「権利章典」を制定。
・アメリカ…独立戦争で独立宣言を発表。南北戦争ではリンカンが演説。
・フランス…フランス革命で人権宣言を発表。ナポレオンが皇帝に即位。
・産業革命…18世紀にイギリスで蒸気機関が普及し，資本主義や社会主義が広まった。

【欧米諸国のアジア進出】

▼三角貿易

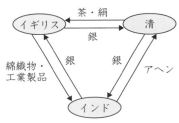

・アヘン戦争…イギリス，インド，清の三角貿易が発端。イギリスが勝利し，南京条約が結ばれた。
・インド大反乱…1857年，インド兵士の反乱をきっかけに全土に広がり，インドがイギリスの植民地となった。

【日本の開国】
・1853年，ペリーが4隻の軍艦を率いて浦賀に来航。
・日米和親条約…1854年に締結。下田・函館を開港。
・日米修好通商条約…1858年に締結。アメリカに領事裁判権を認め，日本に関税自主権がない不平等条約。

▼日米修好通商条約の開港地

【尊王攘夷から倒幕へ】
・尊王攘夷運動…天皇を尊び，外国の勢力を排除する考えが広まった。
・薩長同盟…薩摩藩と長州藩が倒幕をめざした。
・大政奉還…徳川慶喜が政権を朝廷に返還。
　→王政復古の大号令が出された。

答え

1 (1) 五箇条の御誓文　(2) 平民　(3) ア, エ　(4) ウ
　　(5) 6　(6) 富国強兵　(7) ウ

2 (1) 富岡製糸場　(2)① イ　② 福沢諭吉
　　(3) 日清修好条規　(4) エ　(5) ウ　(6) 屯田兵

解説

1

(1) 五箇条の御誓文は, 明治天皇が新政府の基本方針を神に誓う形で示された。

(2) 明治政府は, 国民を一つにまとめるべく, 皇族以外はすべて平等であるとし, 天皇の一族は皇族, 元公家や大名は華族, 武士などは士族, 百姓・町人などは平民とした。

(3) 岩倉使節団は, 岩倉具視を全権大使として, 不平等条約の改正と欧米視察を目的にヨーロッパやアメリカへ派遣された。近代的な法整備が整っていないことを理由に, 条約改正は失敗に終わった。

(4) 1872 年に, 新橋-横浜間で初めて鉄道が開通した。

(5) 学制が公布されたことで, 全国各地に小学校がつくられた。

(6) 「富国」を実現するために殖産興業政策が進められ, 「強兵」を実現するために徴兵令による軍隊がつくられた。

(7) 地租改正では, 土地の所有者に地券を発行し, 収穫高ではなく, 地価の3％を税として現金で納めさせた。これにより, 政府の財政は安定した。アは安土桃山時代の太閤検地, イは奈良時代の律令制でのようす。

2

(1) 群馬県の富岡製糸場は, 1872 年に操業を開始し, 日本の軽工業を支えた。2014 年にはUNESCOの世界文化遺産に登録された。

(2)① 明治時代, 欧米の文化がさかんに取り入れられ, 都市を中心に生活が変化したことを文明開化という。イは江戸時代のようすで, 明治時代になると郵便制度が整備された。

② 「学問のすゝめ」の中にある「天は人の上に人をつくらず, 人の下に人をつくらず」という言葉は, 人々に強い影響をあたえた。

(3) 日清修好条規は, 日本が外国と初めて対等に結んだ条約であった。

(4) アは 1851 年から始まった清の内乱, イは 1840 年から始まった清とイギリスの戦い, ウは江戸時代末期に大老の井伊直弼が暗殺された事件。

(5) 1875 年に結ばれた樺太・千島交換条約では, 千島列島は日本領, 樺太はロシア領であることが定められた。

(6) 屯田兵による開拓が進むにつれて, 先住民族であるアイヌの人々は土地を奪われていった。

 学習のアドバイス ·············· 得点が低かったところを読もう！ ··············

1 明治政府は五箇条の御誓文を出して新しい政治の方針を定め，中央集権国家をつくるためのさまざまな改革を行いました。短期間に改革が集中しているため，内容や時系列を混同しやすいので，注意しましょう。

2 欧米諸国に対抗するため，明治政府は「富国強兵」を掲げて政策を行いました。富岡製糸場の設立もその一つです。また，清や朝鮮，ロシアとそれぞれ条約を結び，関係を築いていきました。関連する条約には似た名前のものが多いので，間違えないようにしっかりと覚えておきましょう。

覚えておきたい知識

【明治初期の政策】
- 五箇条の御誓文…政府の基本方針を示した。
- 中央集権体制の確立…版籍奉還，廃藩置県。

【近代化をめざして】
- 学制…6歳以上の男女に小学校教育を義務化。
- 地租改正…地価の3％を現金で納めさせた。
- 徴兵令…20歳以上の男子に兵役を義務化。
- 富国強兵…欧米諸国に対抗するため，産業を発展させ，軍隊を強化。
- 殖産興業…欧米の進んだ技術を導入して，産業を育成。富岡製糸場などの官営模範工場。鉄道の開通。

【文明開化】
- 太陽暦の採用。
- 郵便制度の創設。
- ランプやガス灯の使用。
- 洋服やコート，帽子が流行。
- 近代思想…福沢諭吉の「学問のすゝめ」，中江兆民の「民約訳解」。

▼地租改正の流れ

①土地の所有者と地価を定め，地券を発行。
②地価を基準に税として地租をかける。
③地価の3％を土地の所有者に現金で納めさせる。

【明治初期の外交と領土の画定】

年代	できごと
1869	蝦夷地を北海道と改称
1871	日清修好条規が結ばれる
	岩倉使節団が派遣される
1875	樺太・千島交換条約が結ばれる
	江華島事件が起こる
1876	日朝修好条規が結ばれる
1879	沖縄県を設置

答え

1 (1)A　イ　　B　ウ　　C　エ　　D　ア　　(2)　自由民権
　　(3)　エ　　(4)　ウ　　(5)記号　ア　　語句　衆議院
2 (1)①　領事裁判権（治外法権）　　②　関税自主権
　　(2)　帝国主義　　(3)　ウ　　(4)　イ　　(5)　イ　　(6)　エ
　　(7)　八幡製鉄所

解説

1

(1)A　板垣退助らは，藩閥政府を批判し，議会開設を求めて民撰議院設立の建白書を出した。これをきっかけに自由民権運動が活発になった。
　B　西郷隆盛は，征韓論をめぐる政変に敗れ，板垣退助らとともに政府を去った。
　C　大隈重信は，議会の早期開設を主張し，北海道開拓使官有物払い下げ事件をきっかけに政府から追放され，立憲改進党を結成した。
　D　伊藤博文は，君主権の強いドイツ（プロイセン）の憲法を参考に，憲法草案の作成に着手した。
(2)　自由民権運動は，福島事件や秩父事件などの運動の激化にともない，しだいに衰えていった。
(3)　西南戦争は，西郷隆盛の出身地である鹿児島で起きたもので，この後，反政府運動は，武力ではなく言論によるものが中心になった。
(4)　法律や予算の成立は，帝国議会の承認を必要とすると定められていた。
(5)　選挙によって選出されたのは，衆議院の議員。

2

(1)①　大日本帝国憲法の制定など，法制度が整ったことも領事裁判権撤廃の理由であった。
　②　関税自主権の完全回復は，小村寿太郎外相のとき，アメリカとの交渉で実現した。
(2)　欧米列強とは，産業が急速に発展したイギリス・フランス・ドイツ・アメリカ・ロシアなどで，世界はこれらの国々によって分割されていった。
(3)　三国とは，ロシア・フランス・ドイツのこと。ロシアは満州への進出をねらっていたため，この後，遼東半島の旅順と大連を租借した。
(4)　日露戦争では賠償金を得られなかったため，国民の不満が高まり，東京で暴動が起こった。
(5)　1910年の韓国併合で，朝鮮半島は日本の植民地になった。
(6)　中国では，民族の独立と近代国家建設をめざす革命運動が起こり，その中心となったのが，三民主義を唱える孫文であった。
(7)　八幡製鉄所の建設は，日本の重工業発展の基礎となった。

1️⃣ 自由民権運動から帝国議会開設までの流れをまとめておきましょう。

2️⃣ 条約改正の流れ，日清・日露戦争の際の日本を取りまく世界情勢，その講和条約の内容，そのときの中国と朝鮮のようすについて，原因・結果を関連付けながら全体の流れをおさえることがポイントです。

📖 覚えておきたい知識

【自由民権運動から帝国議会開設まで】

1874	民撰議院設立の建白書が出される
	→自由民権運動が起きる
1877	西南戦争
1881	国会開設の勅諭
	板垣退助が自由党を結成
1882	大隈重信が立憲改進党を結成
1885	内閣制度ができる
	→初代内閣総理大臣に伊藤博文就任
1889	大日本帝国憲法発布
1890	第1回衆議院議員総選挙実施
	第1回帝国議会開催

【条約改正の流れ】

1872	岩倉使節団による交渉→失敗
1880年代	井上馨による欧化政策→失敗
1886	ノルマントン号事件が起きる
	→不平等条約改正の世論が高まる
1894	日英通商航海条約締結
	→領事裁判権の撤廃に成功
	（外相は陸奥宗光）
1911	日米間で新たな通商航海条約締結
	→関税自主権の回復に成功
	（外相は小村寿太郎）

【日清戦争】

・朝鮮で起きた甲午農民戦争がきっかけ。

・日本側が勝利し，下関条約を締結。

> （内容）・清は，朝鮮の独立を認める。
> ・清は，日本に遼東半島・台湾・澎湖諸島を譲る。
> ・清は，日本に賠償金2億両を支払う。

・三国干渉…ロシア・フランス・ドイツが，遼東半島を清に返還するよう要求。

【中国と韓国】

・中国…三民主義を唱える孫文の下，辛亥革命が起き，中華民国建国。

・韓国…1910年，韓国併合により，日本の植民地になった。

【日露戦争】

・中国で起きた義和団事件がきっかけ。

・日英同盟…ロシアに対抗して結んだ。

・アメリカの仲介でポーツマス条約を締結。

> （内容）・ロシアは，韓国における日本の優越権を認める。
> ・ロシアは，旅順や大連の租借権などを日本に譲る。
> ・ロシアは，北緯50度以南の樺太を日本に譲る。

・賠償金は得られなかった。

【日本の産業革命】

・軽工業（紡績・製糸）が発展。

・日清戦争後，八幡製鉄所を建設。

・日本経済を支配する財閥が出現。

答え

1 (1) 三国同盟　　(2) イギリス　　(3) イ　　(4) シベリア
(5) ベルサイユ　　(6) 国際連盟　　(7) ウ→イ→ア
2 (1) エ　　(2) 米騒動　　(3)① 原敬　　② 政党
(4) ウ　　(5)① 25　　② 男子　　(6) ウ

解説

1

(1) 20世紀初めのヨーロッパは，三国同盟側と三国協商側が対立する，緊張した状態であった。

(2) 日本と同盟を結んでいるので，1902年に日英同盟を結んだイギリスとわかる。

(3) 戦争が長引くにつれ，ロシアでは食料や燃料の不足に苦しむ人々の反乱が続き，彼らの代表会議（ソビエト）が結成され，皇帝は退位した。その後，レーニン指導の下，新政府ができた。

(4) 日本では，シベリア出兵を見越した米商人らの米の買い占めなどで米価が上がり，米騒動が起こった。

(5) ベルサイユ条約は，連合国とドイツが結んだ第一次世界大戦の講和条約。ドイツは，すべての植民地を失い，軍備を縮小し，多額の賠償金を支払うことになった。

(6) 国際連盟の提唱は，アメリカ合衆国大統領のウィルソンであったが，議会の反対にあい，アメリカは参加できなかった。

(7) 二十一か条の要求（1915年）→三・一独立運動（1919年）→ワシントン会議（1921～1922年）。

2

(1) エは明治時代の1880年代後半。

(2) 富山県から始まった米騒動は全国に広がり，政府は軍隊を出動させて鎮圧した。しかし，政府への批判が高まり，当時の内閣は退陣した。

(3) 原敬は，藩閥に属さず，華族でもなかったことから「平民宰相」とよばれ，政党政治の基盤を強化した。

(4) アの小作人の権利を守る全国組織は，1922年に結成された日本農民組合。イの平塚らいてうは，1920年に市川房枝らとともに新婦人協会を設立。ウは明治時代。エの最初のメーデーは1920年。

(5) 普通選挙法は，それまでの納税額による選挙権の制限を撤廃し，満25歳以上のすべての男子に選挙権があたえられた。

(6) 治安維持法は，共産主義などを取り締まるための法律で，社会運動全般まで対象が拡大された。

1 ヨーロッパ諸国の対立から起こった第一次世界大戦に，中国への進出をねらって
いた日本も日英同盟を理由に参戦しました。その中で，ロシア革命が起こり，世界
で初めての社会主義国家が誕生しました。また，国際協調の時代にアメリカ合衆国
の提唱でワシントン会議が開かれたのは，各国の軍備拡張を阻止しようというねら
いもありました。

2 大正時代の日本は，政党政治と男子普通選挙が実現した大正デモクラシーの時代
でした。その一方で日本経済は，物価高騰によって戦後は不景気になり，労働争議
や小作争議などの社会運動が活発になったことをおさえておきましょう。

📖 覚えておきたい知識

【第一次世界大戦と日本】

・第一次世界大戦…三国同盟（ドイツ・イタリア・オース
トリア）側と三国協商（イギリス・フランス・ロシア）
側との間で起こった。日本は，日英同盟を理由に参戦し，
山東半島のドイツ租借地を占領。中国に対して，二十一
か条の要求を出した。

・ロシア革命…大戦中の 1917 年，3 月の革命で帝政が倒れ，
11 月の革命でレーニンを指導者に社会主義の政府が誕生。

・ベルサイユ条約で，ドイツは海外植民地をすべて失い，
軍事力を制限され，多額の賠償金を支払うことになった。

・国際連盟の設立…アメリカ合衆国大統領のウィルソンが提唱したが，アメリカ
は議会の賛成が得られず不参加。

・ワシントン会議…海軍の軍備の縮小，太平洋地域の現状維持，中国の独立と領
土の保全を確認。

・アジアの民族運動…三・一独立運動（朝鮮），五・四運動（中国），ガンディー
の非暴力・不服従の抵抗運動（インド）。

【大正デモクラシーの時代】

・日本経済は，第一次世界大戦中は好景気（大戦景気）であったが，戦後は不景
気となり，社会運動が活発になった。

・大正デモクラシー…第一次世界大戦前後の民主主義的風潮。政党政治と普通選
挙の実現をめざす護憲運動を展開。吉野作造の民本主義が後押しした。

　→原敬を首相とする本格的な政党内閣が成立。

　→ 1925 年には，普通選挙法と治安維持法が成立。

・大正時代は，文化の大衆化が進み，ラジオ放送が始まった。

答え

1 (1) 世界恐慌
(2)① ニューディール（新規まき直し） ② ブロック
(3) ファシズム (4)軍事行動 満州事変 場所 ア
(5) エ→ア→ウ→イ (6) 国家総動員法

2 (1)X ソ連（ソビエト社会主義共和国連邦） Y ポーランド
(2) 日独伊三国同盟 (3) 日ソ中立 (4) ウ (5) エ
(6) ポツダム

解説

1

(1) アメリカ合衆国は多くの国に資金を貸していたので，アメリカで始まった不況は，世界に広がった。

(2) 世界恐慌によって，各国は自国優先の対策を進めたため，それまでの国際協調の体制は大きくゆらいだ。

(3) ファシズムは，反対勢力を徹底的に弾圧し，国家の繁栄を優先させた。

(4) Aの年は1931年で，世界恐慌により不況の日本は，武力で満州を侵略し，経済の行き詰まりを打開しようとして柳条湖事件を起こした。

(5) 満州国承認に消極的だった犬養毅首相が暗殺されたのが五・一五事件（1932年）。満州国を認めなかった国際連盟の総会の結果を不満として日本が国際連盟を脱退（1933年）。陸軍の青年将校らが反乱を起こしたのが二・二六事件（1936年）。北京郊外で起こった日中両国軍の衝突から始まったのが日中戦争（1937年）。

(6) 日中戦争の長期化にともない，1938年に制定されたのが国家総動員法である。

2

(1) イギリス・フランスはポーランドを支援していたため，ドイツに宣戦布告し，第二次世界大戦が始まった。

(2) 日独伊三国同盟の締結によって，日本とアメリカ合衆国の対立は決定的なものとなった。

(3) 日ソ中立条約の締結によって，日本は東南アジアに進軍した。

(4) 太平洋戦争は，日本がハワイの真珠湾を奇襲攻撃するとともに，イギリス領のマレー半島に上陸して始まった。このほか，太平洋戦争下には，学徒出陣や中学生・女学生らの勤労動員が行われた。ア，エは明治時代，イは大正時代。

(5) 太平洋戦争の地上戦での激戦地は沖縄で，当時の沖縄の人口の約4分の1が犠牲になった。

(6) ポツダム宣言は日本の無条件降伏を要求した内容だったが，日本は当初これを無視した。その後8月14日に受諾を決定，翌15日に天皇の玉音放送により敗戦が国民に知らされた。

1 アメリカ合衆国から始まった世界恐慌に対する，植民地を多くもつ国ともたない国の違いを確認しておきましょう。日本は，満州事変，日中戦争と，中国への侵略を行う一方，国内では五・一五事件，二・二六事件により政党政治が終了し，軍部が政治の実権をにぎるようになっていきました。

2 第二次世界大戦は，ファシズムの枢軸国と反ファシズムの連合国との戦いということを理解しましょう。日本は，日中戦争が長引き，資源確保のために東南アジアに進軍したことで，アメリカ合衆国と決定的に対立し，太平洋戦争が始まりました。

📖 覚えておきたい知識

【世界恐慌と日本の中国侵略】
- 世界恐慌…アメリカで株価が大暴落して，不況が世界中に広がった。
- ニューディール（新規まき直し）政策…アメリカの経済対策。
- ブロック経済…イギリス・フランスの経済対策。
- ファシズム…個人の自由や民主主義を否定した，全体主義の政治運動。
- 日本の中国侵略…満州事変→満州国建国→国際連盟脱退→日中戦争。
- 五・一五事件，二・二六事件で政党政治が終了，軍部の支配が強まった。
- 日本の戦時体制…国家総動員法を制定。政党を解散させ，大政翼賛会に合流。

【第二次世界大戦と日本】
- 第二次世界大戦…ドイツのポーランド侵攻により始まった。
- 日本は日独伊三国同盟，日ソ中立条約を結び，東南アジアの資源をねらって南進。アメリカと対立した。
- 太平洋戦争…1941年12月8日，日本軍がハワイの真珠湾を奇襲するとともに，イギリス領のマレー半島に上陸して始まった。
  - →ミッドウェー海戦を転機に日本の敗北が連続。
  - →沖縄戦，広島・長崎への原子爆弾投下，日ソ中立条約を無視したソ連の日本侵攻。
- 太平洋戦争中の日本は，学徒出陣，勤労動員，集団疎開を行った。
- ポツダム宣言…ドイツの降伏後，アメリカ合衆国・イギリス・ソ連の首脳がドイツ近郊ポツダムで会談のうえ発表した，日本の無条件降伏などを求めた宣言。
  - →日本が受諾し，降伏した。

23 現代の日本と世界

答え

1 (1)A マッカーサー　B 吉田茂　(2) エ　(3) イ, オ
(4)① イ→エ→ウ→ア　② 警察予備隊　③ ア
2 (1) ウ　(2) 高度経済成長　(3) ウ
(4) 石油危機（オイル・ショック）　(5) バブル経済　(6) ウ

解説

1

(1)A 占領政策の下, 日本の民主化を指導した。

B 日本国憲法の制定, サンフランシスコ平和条約・日米安全保障条約の調印, 自衛隊の創設など, 戦後日本の方向性を決めるうえで重要な役割を果たした。

(2) アは第一次世界大戦後, イは1976年, ウは1958年に成立。

(3) 民主化政策には, このほか, 日本国憲法の制定, 労働組合法や教育基本法の制定などがある。

(4)① アのベルリンの壁の崩壊は1989年, イのアジア・アフリカ会議の開催は1955年, ウのソ連がアフガニスタンに侵攻したのは1979年, エのキューバ危機は1962年のできごと。

② 警察予備隊は, 保安隊を経て, 1954年に自衛隊になった。

③ アは日米安全保障条約の内容。イは1946年, ウは1956年, エは1972年のできごと。

2

(1) 朝鮮戦争が始まると, 日本はアメリカ軍向けに大量の軍需物資を生産したため, 好景気になり, 復興が早まった。アは石油危機以降のようすで, アメリカとの間に貿易摩擦を生じさせた。イは第一次世界大戦中, エは明治時代のようす。

(2) 高度経済成長の時期は, 技術革新が進み, 重化学工業が産業の中心になり, エネルギー源も石炭から石油に変わった時期であった。

(3) ウは, 第二次世界大戦直後のようすである。

(4) 第四次中東戦争で, 産油国が原油価格の大幅な引き上げなどを打ち出したため, 世界的な不況になり, 日本の高度経済成長は終わった。

(5) 1980年代後半から始まった好景気は, その後の株価の急激な暴落によって, 1991年に崩壊した。

(6) 冷たい戦争（冷戦）後, ヨーロッパ共同体（ＥＣ）から発展して, ヨーロッパ連合（ＥＵ）が1993年に発足した。その後, 東ヨーロッパ諸国の加盟国が増えた。

 **学習のアドバイス** ·················· 得点が低かったところを読もう！·················

1 占領下の日本では，ＧＨＱの指示により，非軍事化と民主化が行われました。民
主化の具体的な政策は頻出です。その後，世界平和のために国際連合が成立しまし
たが，アメリカとソ連の対立の構図の中で冷戦が起きたこともおさえておきましょう。

2 第二次世界大戦後にどのようにして経済が復興したのか，高度経済成長の始まり
と終わり，その間のできごとをまとめておきましょう。

覚えておきたい知識

【占領下の日本】

・日本の降伏と同時に，東京に連合国軍総司令部（ＧＨＱ）が置かれ，最高司令
官としてマッカーサーが着任した。

・占領政策…日本の非軍事化と民主化の下，軍隊の解散，財閥解体，農地改革，
日本国憲法の制定などが行われた。

【国際連合設立と冷戦の始まり】

・国際連合…世界の平和と安全を維持する機関として，第二次世界大戦後に設立。

・冷たい戦争（冷戦）…アメリカ合衆国を中心とする資本主義諸国（西側）と，
ソ連を中心とする共産（社会）主義諸国（東側）が対立した。

・冷戦下でドイツは東西に分裂し，ベルリンには壁が建てられ，自由に行き来で
きなくなった。中国でも内戦が再発し，共産党の中華人民共和国が成立した。

【朝鮮戦争と日本の独立】

・朝鮮戦争…北朝鮮が南北の統一をめざして韓国に侵攻して始まり，1953年休戦。

・日本の独立…1951年，吉田茂内閣のとき，サンフランシスコ平和条約を結び，
日本は独立を果たした。その一方で，アメリカ合衆国と日米安全保障条約を結
び，アメリカ軍の日本駐留を許すことになった。

→ 1972年に沖縄の日本への返還が実現。

・国際社会への復帰…1956年，ソ連と日ソ共同宣言を結んで国交を回復し，ソ
連の同意を得て，日本は国際連合に加盟した。

・周辺諸国との関係…1965年に日韓基本条約，1972年に日中共同声明，1978年
に日中平和友好条約を結んだ。

【冷戦の終結から国際協調へ】

・冷戦の終結…1989年マルタ会談で宣言。ベルリンの壁が撤去され，ドイツ統一。
ソ連解体。

・国際協調…ヨーロッパ連合（ＥＵ），アジア太平洋経済協力（ＡＰＥＣ）など
が発足。

24 わたしたちが生きる現代社会と文化　本冊 P50, 51

答え

1 (1)　ＡＩ
(2)①　グローバル化　　②　ア
(3)　情報リテラシー（メディアリテラシー）
(4)①　核家族　　②　エ

2 (1)　宗教　　(2)①　ウ　　②　イ
(3)①　琉球　　②　文化財保護法
(4)　ユニバーサルデザイン

解説

1

(1)　人工知能（ＡＩ）は，緊急地震速報や医療，日常生活など，さまざまな場面で活用されている。
(2)①　輸送手段や情報通信技術などの発展によって，グローバル化が進んだ。
　②　アは国際分業，イは国際協力，ウは国際競争，エは持続可能な社会について述べている。
(3)　生活における情報の役割が大きくなるとともに，個人情報が流出する危険性がある。わたしたちは，情報を選択し，何のために使うのかを考える必要がある。また，情報を正しく使う態度を，情報モラルという。
(4)①　核家族世帯とは，親と子ども，または夫婦のみの世帯のことである。近年は，高齢者の一人暮らし世帯の増加が問題となっている。
　②　合計特殊出生率とは，一人の女性が一生の間に産む子どもの数の平均のことである。

2

(1)　文化は，人々が生活の中で形づくり，受け継いできたもので，宗教のほか，言語や芸術，学問，科学などがふくまれる。
(2)①　決定の方法には，全会一致や多数決などがある。全会一致は，全員が納得するが，決定に時間がかかる。多数決は，一定時間内で決定できるが，少数意見が反映されにくい。
　②　アは手続きの公正さ，イは効率，ウ，エは機会や結果の公正さについて述べている。効率と公正について留意しながら，全員が納得できる合意を得ることが大切である。
(3)①　日本では，沖縄や奄美群島の琉球文化や，北海道や樺太のアイヌ文化なども受け継がれている。
　②　伝統文化を保護し，将来に継承していくことが大切である。
(4)　年齢や障がいの有無，文化の違いなどにとらわれない，ダイバーシティ（多様性）の尊重が広まっている。

1 現代社会においては，ICT（情報通信技術）や輸送網などが発達したことから，情報化やグローバル化が進展しました。また，日本では少子高齢化が進み，少しずつ人口が減少しています。社会の変化によって，どのような課題が新たに生まれたのかを確認しましょう。

2 さまざまな文化が流入した現代社会において，伝統文化の保護だけでなく，多文化共生の実現が求められています。また，社会集団においては，さまざまな対立が生じます。効率や公正について理解した上で，全員が納得する合意を得るには，どうすればよいのか考えてみましょう。

📖 **覚えておきたい知識**

【現代社会の特色】

・グローバル化…国際競争が激化し，国際分業が広まる。地球温暖化などに対して，国際協力が求められている。

・少子高齢化…合計特殊出生率が低下。社会保障の充実や，現役世代への負担の増加が課題。

・情報化…人工知能（AI）が進化。情報リテラシーや情報モラルが必要。

【現代社会と文化】

・文化…科学，宗教，芸術など。

・伝統文化…年中行事や伝統芸能など。琉球文化やアイヌ文化なども残る。有形・無形文化財は，文化財保護法に基づき保存されている。

・多文化共生…多様な考え方や価値観を認め合うことが大切。

【現代社会の見方・考え方】

・対立と合意…交渉は，全会一致や多数決などの方法で決定。全員が納得するために，効率や公正の面から考える。

▼国民の年金負担

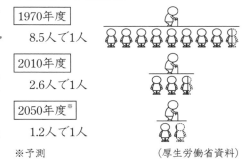

| 1970年度 |
| 8.5人で1人 |

| 2010年度 |
| 2.6人で1人 |

| 2050年度※ |
| 1.2人で1人 |

※予測　　　　　　　　　（厚生労働省資料）

▼日本のおもな年中行事

1月	初詣
2月	節分
3月	ひな祭り
3月・9月	彼岸会
4月	花祭り（灌仏会）
5月	端午の節句
7月	七夕
7月・8月	お盆（盂蘭盆会）
11月	七五三
12月	大掃除（すすはらい）

答え

1 (1)資料1　B　　資料2　D
(2)　基本的人権　　(3)①　天皇　　②　イ
(4)　ア　　(5)　11月3日　　(6)　世界人権宣言
2 (1)①　象徴　　②Ｘ　エ　　Ｙ　ウ
(2)①　経済活動の自由　　②　ウ　　③　公共の福祉
(3)①　9　　②　集団的自衛権
(4)　エ

解説

1

(1)　資料1の権利章典はイギリスで制定され，国王に対する議会の優位を定めた。

(2)　資料2のフランス人権宣言では，自由権や平等権などの基本的人権が認められた。

(3)①　大日本帝国憲法は，日本初の憲法であり，天皇に主権があるとされた。
②　アについて，天皇によって定められた欽定憲法である。ウについて，軍隊の統帥権は天皇がもつ。エについて，衆議院議員のみが選挙で選ばれた。

(4)　ドイツで制定されたワイマール憲法で，世界で初めて生存権などの社会権が認められた。

(5)　日本国憲法は，1946年11月3日に公布，1947年5月3日に施行された。

(6)　世界人権宣言は，各国の人権保障の模範となった。また，1966年に採択された国際人権規約では，締約国に人権保障を義務付けた。

2

(1)①　日本国憲法では，天皇は国政についての権限をもたず，憲法に定められた国事行為だけを行うとされている。
②　日本国憲法は国の最高法規であることから，改正には慎重な手続きを定めている。

(2)①　自由権には，精神の自由，身体の自由，経済活動の自由がある。
②　イの団結権は，社会権のうちの労働基本権の1つである。
③　人権は，他人の人権を侵害しない範囲で保障されており，公共の福祉に反しない限り，最大限保障される。

(3)①　日本国憲法第9条で，戦争の放棄や交戦権の否認を定めている。
②　集団的自衛権の行使の条件は，非常に限定的に定められている。

(4)　新しい人権は，社会の変化にともない，主張されるようになった。

1 基本的人権は，17世紀～18世紀の欧米諸国から広まり，20世紀には社会権が認められるようになりました。国の政治は，法の支配によって行われる必要があることから，多くの国が憲法を制定するようになり，日本では大日本帝国憲法を経て，日本国憲法が制定されました。この時期の歴史の内容と合わせて覚えておきましょう。

2 日本国憲法の基本原理は，国民主権，基本的人権の尊重，平和主義です。それぞれの基本原理ごとに，どのような内容が定められているのかまとめておきましょう。また，近年認められるようになった新しい人権には，どのようなものがあるのかを確認しましょう。

📖 覚えておきたい知識

【人権の歴史】

・基本的人権…人間が生まれながらにしてもつ権利。アメリカ独立宣言やフランス人権宣言で，自由権や平等権が確立。

・社会権…人間らしい豊かな生活を送る権利。ドイツのワイマール憲法で確立。

・立憲主義…国政が，人の支配ではなく，法の支配によって行われること。憲法を制定することで，政治権力を制限し，人権を保障する。

▼人の支配と法の支配

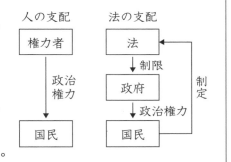

【日本国憲法】

・国民主権…国民が主権をもつ。天皇は日本国と日本国民統合の象徴で，国事行為のみを行う。

・基本的人権の尊重…個人の尊重と法の下の平等（平等権）に基づき，自由権や社会権，参政権などを保障。

・平和主義…戦争を放棄し，交戦権を否認。

・国民の義務…勤労の義務，納税の義務，子どもに普通教育を受けさせる義務。

・新しい人権…環境権や自己決定権，知る権利，プライバシーの権利など。

▼憲法改正の手続き

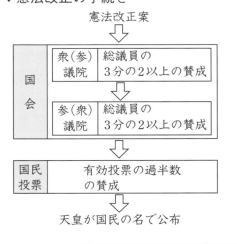

26 暮らしと結びついた政治①

本冊 P54, 55

答え

1 (1) 間接民主制（議会制民主主義，代議制）　(2) 連立政権（連立内閣）
(3)X　与　　Y　野
(4)① イ　　② 小選挙区制　　③ ウ
(5)① 世論　　② マスメディア

2 (1) 民主主義　(2)① 条例　　② 25
(3) 知事　(4)① ウ　　② 住民投票
(5)① ア　　② 地方交付税交付金（地方交付税）

解説

1

(1) 人々が直接話し合いに参加するしくみを，直接民主制という。

(2) 日本では，1955年に自由民主党が結成されてから長い間単独で政権を担当していたが，1990年代以降は，連立政権が組織されている。

(3) 内閣を組織して政権を担当する政党を与党，それ以外の政党を野党という。

(4)① アの平等選挙は一人一票であること，ウの秘密選挙は無記名で投票すること，エの直接選挙は代表を直接選ぶこと。

② 衆議院では，小選挙区比例代表並立制が採用されている。

③ 比例代表制は，政党の得票数に応じて議席数を決める。各政党の得票数を1，2，3…と順に割っていき，計算した数字の大きい順に定数まで議席を割りふる。

(5)① 政府などは，世論の動向を政策の参考にしている。

② マスメディアの情報を多面的に読み取ることが求められている。

2

(1) 地方自治は，住民に身近な民主主義を行うことから，民主主義の学校とよばれている。

(2)① 条例は，国の法律の範囲内でつくられ，その地域のみに適用される。

② 市（区）町村長や地方議会の議員の被選挙権は満25歳以上，都道府県知事の被選挙権は満30歳以上である。

(3) 知事など地方公共団体の首長は，住民の直接選挙によって選ばれる。

(4)① 地方公共団体の住民には，直接請求権が認められている。請求するためには，条例の制定や改廃などは有権者の50分の1以上，議員や首長の解職請求や議会の解散請求などは有権者の3分の1以上の署名が必要である。

② 住民投票は，住民の意見を地方自治に反映させる手段の1つである。

(5)① 最も地方税の割合が高いアが大阪府。

② 地方交付税交付金は，使い道が特定されていない。

1 国民が政治に参加する手段の1つが選挙です。選挙によって選ばれた政党が与党として内閣を組織し，政権を担当しています。マスメディアの情報を通して，世論が形づくられ，世論は政府の動向に影響をあたえます。近年は，選挙の投票率の低下や一票の格差が問題となっています。

2 地方自治は，わたしたちの身近な生活に深く関わっています。地方議会の議員や地方公共団体の首長は，住民の直接選挙によって選ばれます。また，住民の意思を地方自治に反映するために，住民は直接請求権が認められています。一方で，地方公共団体による財政格差などの課題があることもおさえておきましょう。

覚えておきたい知識

【現代の民主政治】

- 民主主義…直接民主制と間接民主制（議会制民主主義，代議制）がある。少数意見の尊重が求められる。
- 選挙…普通選挙，平等選挙，秘密選挙，直接選挙の原則。小選挙区制や比例代表制が採用されている。
- 政党…政党政治が行われ，与党が政権を担当。連立政権（連立内閣）が組織されることもある。
- 世論…政治に影響をあたえる。
- 選挙の課題…投票率の低下，一票の格差。

【地方自治】

- 地方公共団体…都道府県，市（区）町村など。
- しくみ…地方議会が条例などを制定。住民が地方公共団体の首長と議員を選ぶ。
- 地方財政…歳入のうち，おもな自主財源は地方税。依存財源は，地方交付税交付金や国庫支出金，地方債など。地方公共団体間の財政格差解消のために，地方交付税交付金を配分。
- 住民の政治参加…住民には，直接請求権が認められている。重要な議題では，住民投票を実施。

▼小選挙区制と比例代表制

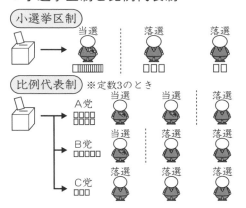

▼地方自治のしくみ

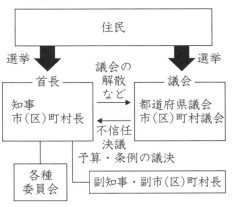

答え

1 (1)X 立法　Y 行政　Z 司法
(2)① 常会（通常国会）　② イ
(3)① 議院内閣制　② 公務員
(4)①P 控訴　Q 上告　② 原告　③ 裁判員制度
2 (1) 三権分立（権力分立）　(2) 内閣不信任
(3) 衆議院　(4) 弾劾裁判所　(5) 国民審査
(6)① イ　② ウ　③ エ　④ ア

解説

1

(1) 日本では，国会が立法権，内閣が行政権，裁判所が司法権をもつ。

(2)① 国会には，常会（通常国会），臨時会（臨時国会），特別会（特別国会），参議院の緊急集会がある。

② 衆議院は，参議院より任期が短く解散があることから，国民の意思を反映しやすいとされ，衆議院の優越が認められている。

(3)① 内閣は，国会の信任に基づいて組織される。内閣不信任案が議決され，衆議院の総選挙が行われたときには，内閣は総辞職する。

② 公務員は，「全体の奉仕者」として仕事をすることが求められる。

(4)① 慎重に裁判を行うために，三審制が採用されている。

② 民事裁判で訴えた人は原告，訴えられた人は被告となる。刑事裁判では，検察官によって訴えられた人は被告人となる。

③ 国民の司法に対する信頼を深めるために，裁判員制度が導入された。

2

(1) 国会，内閣，裁判所が互いの権力を抑制し合うことで，権力の集中を防いでいる。

(2) 衆議院は，現状の内閣が信頼できず，行政を任せられないと判断したときには，内閣不信任の決議を行う。

(3) 内閣不信任が決議されると，内閣は10日以内に衆議院の解散を行うか，総辞職しなければならない。

(4) 弾劾裁判所は両院の議員で組織する。

(5) 最高裁判所の裁判官は，就任後最初の衆議院総選挙と，前回の審査から10年後以降の衆議院総選挙で審査される。

(6)① 裁判所は違憲審査権をもっている。特に最高裁判所は，最終判断を下すことから「憲法の番人」とよばれる。

② 内閣が最高裁判所長官を指名し，その他の裁判官を任命する。

③ 行政裁判は，行政機関の憲法違反などについて裁く。

④ 内閣に対しては，世論が影響をあたえている。

1 国会は国権の最高機関であり，唯一の立法機関です。行政を担当する内閣は，国会の信任に基づいて組織され，議院内閣制が採用されています。司法を担当する裁判所は，民事裁判や刑事裁判が行われます。各機関がどのような仕事を担っているのか，まとめておきましょう。

2 日本の国政は，立法権をもつ国会，行政権をもつ内閣，司法権をもつ裁判所を中心に行われています。三権分立を採用することによって，三権が互いの権力を抑制し合い，均衡を保ち，権力が集中することを防ぎます。国会・内閣・裁判所の関係を，三権分立の図を見ながら確認しましょう。

📖 覚えておきたい知識

【国会】
・国権の最高機関，唯一の立法機関。衆議院と参議院の二院制を採用。
・仕事…法律の制定や予算の審議，条約の承認，国政調査権，憲法改正の発議など。
・衆議院の優越…予算の先議，法律の制定，条約の承認，内閣総理大臣の指名など。

【内閣】
・内閣総理大臣と国務大臣で構成。議院内閣制を採用。
・仕事…法律の執行，条約の締結，予算の作成，最高裁判所長官の指名など。規制緩和などの行政改革を実施。

【裁判所】
・法に基づき，裁判を行う。三審制を採用。司法権の独立が認められている。
・民事裁判…私人間の争いについて裁く。
・刑事裁判…犯罪について，有罪か無罪かを裁く。
・司法制度改革…裁判員制度の実施など。

▼議院内閣制

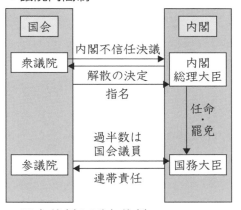

▼民事裁判と刑事裁判

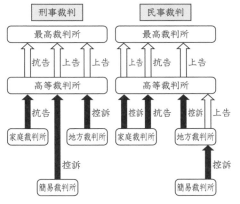

答え

1 (1)① 財　②　ア，ウ　③　貯蓄
　(2)① エ　②　クーリング・オフ
　(3)① 流通　②　ウ
2 (1)① ＣＳＲ　②　ウ
　(2)① ア　②　証券取引所
　(3)① イ　②　非正規
　(4)　ワーク・ライフ・バランス

解説

1

(1)① 財は食品など形があるもの，サービスは映画を観るなど形がないもの。お金を支払い，財やサービスを受け取る。
　② イの社会保険料やエの税金は，非消費支出にあてはまる。
　③ 預金や保険，株式などの貯蓄は，将来のための蓄えとなる。収入から非消費支出を差し引いた額が，可処分所得である。限られた可処分所得を，消費と貯蓄にどのように配分するかが大切である。
(2)① 製造物責任法（ＰＬ法）の制定前は，消費者が企業の過失を証明する必要があった。
　② クーリング・オフ制度は，消費者を守るしくみの１つである。
(3)① 卸売業や小売業など，流通に関わる業種をまとめて商業という。
　② アは百貨店，イは大型スーパー，ウはコンビニエンスストアの販売額の推移を示している。

2

(1)① 近年，企業は利潤を求めるだけでなく，社会貢献などが求められるようになっている。
　② 日本の企業数の99％以上が中小企業だが，売上高は大企業のほうが多い。
(2)① アについて，株主は，株式会社が倒産した場合，投資した金額以上の責任を負うことはない。
　② 証券取引所などでの株式の売買を通じて，株価が決まる。
(3)① 労働基準法，労働組合法，労働関係調整法は，まとめて労働三法とよばれる。
　② 日本の労働者の４割近くは，非正規労働者である。非正規労働者は，正規労働者と同様の仕事をしても賃金が安いことなどが問題となっている。
(4) 近年は，フレックスタイムやテレワークなど，多様な働き方ができるようになってきている。

1 わたしたちは，企業が生産したさまざまな財やサービスを消費し，生活しています。消費者の権利は，消費者基本法や製造物責任法（ＰＬ法）などによって守られている一方で，トラブルを未然に防げるように自立した消費生活を送ることも重要です。代表的な法や制度をおさえておきましょう。

2 資本主義経済における企業の生産活動と労働者の権利について学習しましょう。企業は私企業と公企業に分類されます。私企業のうち株式会社については，どのように運営されているのか，しくみを確認しておきましょう。また，企業で働く労働者の権利は，労働三法で認められており，近年は，ワーク・ライフ・バランスの実現がめざされています。

覚えておきたい知識

【消費生活と経済】

・家計…消費生活の単位。収入から消費支出と非消費支出を差し引いた残りが貯蓄。家計は消費を主としているが，そのためにさまざまな形で所得を得ている。
・消費者…契約自由の原則がある。
・消費者の権利…製造物責任法（ＰＬ法）や消費者契約法，消費者基本法などによって保障。
・流通…商品が消費者に届くまでの流れ。小売業者や卸売業者は，流通の合理化を図る。

【企業と労働者】

・資本主義経済…企業の生産活動によって利潤が生み出され，資本が蓄えられる経済のしくみ。
・企業…公企業と私企業に分類される。株式会社は株式によって得た資金で運営。企業は企業の社会的責任（ＣＳＲ）を果たすべきとされる。
・労働者の権利…労働基準法，労働組合法，労働関係調整法で保障。ワーク・ライフ・バランスの実現をめざす。

▼株式会社のしくみ

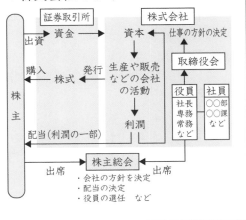

答え

1 (1)① 均衡価格　② イ　③ 公正取引委員会
(2) 間接金融
(3)① 発券銀行　② 公開市場操作　③ デフレーション（デフレ）
(4)① イ　② 為替相場（為替レート）

2 (1) 歳出　(2)① イ, ウ　② 累進課税制度
(3) 国債（公債）　(4) 介護保険制度
(5) ア　(6) 環境基本法

解説

1

(1)① 需要量と供給量が一致した価格を，均衡価格という。

② 需要量が増えると，供給量が増え，価格が高くなる。

③ 独占や寡占の状態では競争が弱まり，価格が不当に高くなることがある。

(2) 借りる側が株式や債券などを購入して，直接お金を借りることを，直接金融という。

(3)① 日本銀行には，紙幣を発行する（発券銀行），政府の預金を管理する（政府の銀行），銀行にお金を貸し出し，預金の受け入れを行う（銀行の銀行）の役割がある。

② 日本銀行は，景気を安定させるために，公開市場操作などの金融政策を行う。

③ 物価が上がり続けることは，インフレーション（インフレ）という。

(4)① 円安では，外国通貨に対する円の価値が低くなる。

② 為替相場は，各国の経済状況によって変わる。

2

(1) 国や地方公共団体の一年間の支出を歳出，収入を歳入という。

(2)① 直接税は納税者と担税者が同じ税金，間接税は納税者と担税者が異なる税金である。ア，エは直接税。

② 累進課税制度は，直接税のうち，所得税や相続税などに導入されている。

(3) 近年は財政赤字が続き，国債残高の増加が問題となっている。

(4) 少子高齢化が進む日本では，介護保険制度や後期高齢者医療制度などが導入された。

(5) アは公的扶助，イは社会保険，ウは公衆衛生，エは社会福祉の考え方である。日本国憲法の生存権の考え方に基づき，社会保障制度が定められている。

(6) 経済が発展するとともに，新たな公害が発生するようになったため，公害対策基本法を発展させた環境基本法が1993年に制定され，公害や環境問題への対策が行われている。

1 市場経済における需要量と供給量の関係について，市場価格がどのように決定するのかを理解しましょう。中央銀行である日本銀行は，発券銀行，政府の銀行，銀行の銀行としての役割をもち，景気変動に対して金融政策を行っています。

2 財政はおもに税金を収入源とし，税金が足りない場合は公債によって補っています。また，少子高齢化とともに社会保障への支出が増加しており，現在の日本では，社会保障の充実と経済成長の両立が課題となっています。

📔 覚えておきたい知識

【市場経済の金融】

- 市場経済…需要量と供給量が一致する価格が均衡価格。公正取引委員会が独占禁止法に基づいて，独占や寡占を監視・指導。
- 日本銀行…日本の中央銀行。発券銀行，政府の銀行，銀行の銀行の役割がある。金融政策を実施。

▼公開市場操作

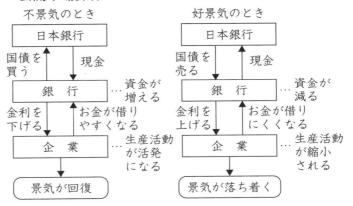

- 景気…好景気ではインフレーション，不景気ではデフレーションが起こることがある。
- 為替相場…外国通貨と円の交換比率。円高は輸入に，円安は輸出に有利。

【財政と社会福祉・環境保全】

- 財政…歳入のおもな内訳は税金。税金は国税と地方税，直接税と間接税に分類される。所得税などには累進課税を導入。歳入の足りない部分は公債で補われる。
- 社会保障…社会保険，公的扶助，社会福祉，公衆衛生の考え方。少子高齢化にともない，社会保障の費用が増加している。
- 公害…経済発展とともに発生。1993年，環境基本法を制定。循環型社会をめざす。

▼国の歳出割合

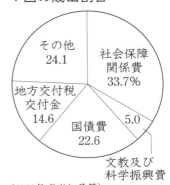

（2022年度当初予算）
（「日本国勢図会2022/23年版」）

30 地球社会とわたしたち

答え

1 (1) 主権 (2)① 総会 ② エ
(3) ＰＫＯ (4)① ア ② 拒否権
(5) イ

2 (1) 非核三原則 (2) 自衛隊
(3) 温室効果ガス
(4)① ＳＤＧｓ ② フェアトレード ③ イ
(5)① ウ ② 南北問題

解説

1

(1) 国家は，国民，領域，主権がそろって成り立つ。

(2)① 総会では，加盟国すべてが１票をもつ。国際連合には，2023年１月現在193か国が加盟している。

② ＵＮＥＳＣＯ(国連教育科学文化機関)は世界遺産条約に基づき，自然や文化財の保護を行う。アのＩＬＯは国際労働機関，イのＵＮＩＣＥＦは国連児童基金，ウのＵＮＨＣＲは国連難民高等弁務官事務所の略称である。

(3) 平和維持活動（ＰＫＯ）は，紛争が起こった地域の停戦や選挙の監視などを行う。

(4)① 安全保障理事会の常任理事国は，アメリカ合衆国，ロシア連邦，イギリス，フランス，中華人民共和国である。

② 常任理事国だけが拒否権をもっている。

(5) ＡＳＥＡＮには，東南アジア諸国が加盟している。

2

(1) 日本は非核三原則を掲げ，世界に核兵器廃絶を訴えている。

(2) 自衛隊は，平和維持活動（ＰＫＯ）や人道復興支援などに参加している。

(3) 地球温暖化が進行すると，南極などの氷が解けて海面上昇が起こり，低地の水没が懸念される。

(4)① 持続可能な開発目標（ＳＤＧｓ）は，2030年までに国際社会が達成すべき目標として，貧困や飢餓，エネルギー問題など17の目標を掲げている。

② フェアトレード（公正貿易）やマイクロクレジット（少額融資）により，発展途上国の人々の自立を促している。

③ 政府開発援助（ＯＤＡ）により，さまざまな技術協力や資金提供が行われている。

(5)① サハラ砂漠より南のアフリカを中心に貧困地域が多く，栄養不足の割合が高い。

② おもに，発展途上国は南半球，先進国は北半球に集まっている。

1 世界には190余りの国があり，そのほとんどが国際連合に加盟しています。国際連合には，総会や安全保障理事会，国際司法裁判所などの機関やUNESCO（国連教育科学文化機関）などの専門機関が置かれています。国際連合にはどのような役割があるのか，まとめておきましょう。

2 地球温暖化やエネルギー問題，貧困，地域紛争など，地球規模で起きている問題は数多くあります。国際連合が持続可能な開発目標（SDGs）を採択するなど，国際社会は，これらの問題に協力して対処しようとしています。それぞれの問題に対して，どのような取り組みが行われているのかを確認しましょう。

覚えておきたい知識

【国際社会の成り立ち】

・国家…国民，領域，主権をもつ。
・国際連合…193か国が加盟（2023年1月現在）。ニューヨークに本部があり，総会や安全保障理事会などの機関がある。安全保障理事会の常任理事国は拒否権をもつ。平和維持活動（PKO）などを実施。持続可能な開発目標（SDGs）を採択。
・地域経済統合…ヨーロッパ連合（EU）や東南アジア諸国連合（ASEAN）など。

▼国連分担金の割合

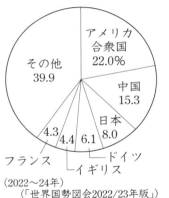

その他 39.9
アメリカ合衆国 22.0%
中国 15.3
日本 8.0
ドイツ 6.1
イギリス 4.4
フランス 4.3

（2022～24年）
（「世界国勢図会2022/23年版」）

【地球規模の問題】

・地球温暖化…京都議定書で先進国に温室効果ガスの排出削減を義務化。2015年にパリ協定を結んだ。
・エネルギー問題…化石燃料などは限りある資源。再生可能エネルギーの普及を進める。
・貧困…アジアやアフリカで多い。フェアトレード（公正貿易）やマイクロクレジット（少額融資）で援助。
・地域紛争…地域紛争による難民の増加が問題。

▼日本がODAで支援を行った国

（2020年）　　　　　　　　　　　　　　　（ODA白書）

理解度チェックシート

各単元の得点を棒グラフに整理して，自分の弱点を「見える化」しましょう！

単元	～50	60	70	80	90	100点
例 ○○○○				合格ライン		
1 世界と日本の姿，世界各地の生活と環境						
2 世界の諸地域①						
3 世界の諸地域②						
4 世界の諸地域③						
5 地域調査の手法						
6 日本の地域的特色①						
7 日本の地域的特色②						
8 日本の諸地域①						
9 日本の諸地域②						
10 日本の諸地域③						
11 古代までの日本と世界①						
12 古代までの日本と世界②						
13 中世の日本と世界①						
14 中世の日本と世界②						
15 近世の日本と世界①						
16 近世の日本と世界②						
17 近世の日本と世界③						
18 近代の日本と世界①						
19 近代の日本と世界②						
20 近代の日本と世界③						
21 二度の世界大戦と日本①						
22 二度の世界大戦と日本②						
23 現代の日本と世界						
24 わたしたちが生きる現代社会と文化						
25 人間の尊重と日本国憲法						
26 暮らしと結びついた政治①						
27 暮らしと結びついた政治②						
28 わたしたちの暮らしと経済①						
29 わたしたちの暮らしと経済②						
30 地球社会とわたしたち						

単元	～50	60	70	80	90	100点
				合格ライン		
例 ○○○○						
1 世界と日本の姿，世界各地の生活と環境						
2 世界の諸地域①						
3 世界の諸地域②						
4 世界の諸地域③						
5 地域調査の手法						
6 日本の地域的特色①						
7 日本の地域的特色②						
8 日本の諸地域①						
9 日本の諸地域②						
10 日本の諸地域③						
11 古代までの日本と世界①						
12 古代までの日本と世界②						
13 中世の日本と世界①						
14 中世の日本と世界②						
15 近世の日本と世界①						
16 近世の日本と世界②						
17 近世の日本と世界③						
18 近代の日本と世界①						
19 近代の日本と世界②						
20 近代の日本と世界③						
21 二度の世界大戦と日本①						
22 二度の世界大戦と日本②						
23 現代の日本と世界						
24 わたしたちが生きる現代社会と文化						
25 人間の尊重と日本国憲法						
26 暮らしと結びついた政治①						
27 暮らしと結びついた政治②						
28 わたしたちの暮らしと経済①						
29 わたしたちの暮らしと経済②						
30 地球社会とわたしたち						

※理解度チェックシートは，2回分つけてあります。有効に活用してください。

次はこの本がオススメ！

このページでは，本書の学習を終えた人に向けて，数研出版の高校入試対策教材を紹介しています。明確になった今後の学習方針に合わせて，ぜひ使ってみてください。

① すべての単元が，「合格ライン」80 点以上の場合

『高校入試5科　頻出問題徹底攻略』
- 全国の公立高校入試から頻出問題を厳選した問題集。英，数，国，理，社5教科の過去問演習がこの1冊で可能。
- 別冊解答では，答えと解説に加えて，必要な着眼点や注意事項といった入試攻略のポイントを丁寧に解説。
- 入試本番を意識した模擬テストも付属。

こんな人にオススメ！
- ・基礎が身についており，入試に向けて実戦力をつけたい人
- ・効率よく5教科の問題演習や対策を行いたい人

② 一部の単元が，「合格ライン」80 点に届かない場合

『チャート式シリーズ　中学社会　総仕上げ』
- 中学3年間の総復習と高校入試対策を1冊でできる問題集。復習編と入試対策編の2編構成。
- 復習編では，中学校の学習内容を網羅し，基本問題と応用問題で段階的な学習が可能。
- 入試対策編では，入試で頻出のテーマを扱い，実戦力を強化。

こんな人にオススメ！
- ・基礎から応用，入試対策までを幅広くカバーしたい人
- ・苦手分野の基礎固めを完成させたい人

③ 多くの単元が，「合格ライン」80 点に届かない場合

『とにかく基礎　中1・2の総まとめ　社会』
- 中1，2でおさえておきたい重要事項を1冊に凝縮した，効率よく復習ができる問題集。
- いろいろな出題形式で基本問題を反復練習できるようになっており，基礎固めに最適。
- 基礎知識を一問一答で確認できる，ICTコンテンツも付属。

こんな人にオススメ！
- ・中1，2の内容を基礎からもう一度復習したい人
- ・基本問題の反復練習で，知識をしっかりと定着させたい人